PETITE BIBLIOTHÈQUE-CHARPENTIER

CONTES CHOISIS

DE

ALPHONSE DAUDET

AVEC

DESSINS DE M. EDMOND MORIN

EXTRAIT DU CATALOGUE
de la **PETITE BIBLIOTHÈQUE-CHAR...**

Chaque volume orné de deux eaux-fortes. —
chaque volume : **4 francs**.

ALFRED DE MUSSET	vol.	THÉOPHILE GAUTIER	vol.
Premières poésies	1	Mlle de Maupin	
Poésies nouvelles	1	Fortunio	
Confession d'un Enfant du siècle	1	Les Jeune-France	
		Mlle Daphné	
Comédies et proverbes	3	Émaux et Camées	
Contes et nouvelles	1		
E. ET J. DE GONCOURT		FERDINAND FABRE	
Renée Mauperin	1	L'abbé Tigrane	
Madame Gervaisais	1	Julien Savignac	
EDMOND ABOUT		ALPHONSE DAUDET	
Tolla	1	Contes choisis	1
MICHELET		GUY DE MAUPASSANT	
La Montagne	1	Contes et Nouvelles	
PAUL DE MUSSET		ANDRÉ THEURIET	
...	1	Raymonde	
MALOT		ÉMILE ZOLA	
...	1	Contes à Ninon	
		Nouveaux contes à Ninon	

PETITE BIBLIOTHÈQUE CHARPENTIER

CONTES CHOISIS

PARIS

TYPOGRAPHIE GEORGES CHAMEROT

19, rue des Saints-Pères, 19

Edm. Morin inv et sc.

PETITE BIBLIOTHÈQUE CHARPENTIER

CONTES CHOISIS

LA FANTAISIE ET L'HISTOIRE

PAR

ALPHONSE DAUDET

AVEC

Deux eaux-fortes par M. EDMOND MORIN

PARIS

G. CHARPENTIER ET Cie, ÉDITEURS

11, RUE DE GRENELLE, 11

1886

PREMIÈRE PARTIE

LA FANTAISIE

CONTES CHOISIS

I

UN RÉVEILLON DANS LE MARAIS

M. Majesté, fabricant d'eau de Seltz dans le Marais, vient de faire un petit réveillon chez des amis de la place Royale, et regagne son logis en fredonnant... Deux heures sonnent à Saint-Paul. « Comme il est tard ! » se dit le brave homme, et il se dépêche ; mais le pavé glisse, les rues sont noires, et puis dans ce diable de vieux quartier, qui date du temps où les voitures étaient rares, il y a un tas de tournants, d'encoignures, de bornes devant les portes à l'usage des cavaliers. Tout cela empêche d'aller vite, surtout quand on a déjà les jambes un peu lourdes, et les yeux embrouillés par les toasts du réveillon. Enfin M. Majesté arrive chez lui. Il s'arrête devant un grand portail orné, où brille au clair de lune un écusson, doré de neuf, d'anciennes armoiries repeintes dont il a fait sa marque de fabrique :

HOTEL CI-DEVANT DE NESMOND
MAJESTÉ JEUNE
FABRICANT D'EAU DE SELTZ

Sur tous les siphons de la fabrique, sur les bordereaux, les têtes de lettre, s'étalent ainsi et resplendissent les vieilles armes des Nesmond.

Après le portail, c'est la cour, une large cour aérée et claire, qui dans le jour en s'ouvrant fait de la lumière à toute la rue. Au fond de la cour, une grande bâtisse très-ancienne, des murailles noires, brodées, ouvragées, des balcons de fer arrondis, des balcons de pierre à pilastres, d'immenses fenêtres très-hautes, surmontées de frontons, de chapiteaux qui s'élèvent aux derniers étages comme autant de petits toits dans le toit, et enfin sur le faîte, au milieu des ardoises, les lucarnes des mansardes, rondes, coquettes, encadrées de guirlandes comme des miroirs; avec cela un grand perron de pierre, rongé et verdi par la pluie, une vigne maigre qui s'accroche aux murs, aussi noire, aussi tordue que la corde qui se balance là-haut à la poulie du grenier, je ne sais quel grand air de vétusté et de tristesse... C'est l'ancien hôtel de Nesmond.

En plein jour, l'aspect de l'hôtel n'est pas le même. Les mots : *Caisse, Magasin, Entrée des ateliers,* éclatent partout en or sur les vieilles murailles, les font vivre, les rajeunissent. Les camions des chemins de fer ébranlent le portail; les commis s'avancent au perron la plume à l'oreille pour recevoir les marchandises. La cour est encombrée de caisses, de paniers, de paille, de toile d'emballage. On se sent bien dans une fabrique. Mais avec la nuit, le grand silence, cette lune d'hiver qui, dans le fouillis des toits compliqués, jette et entremêle des ombres, l'antique maison des Nesmond reprend ses allures seigneuriales. Les balcons sont en dentelle ; la cour d'honneur s'agrandit, et le vieil escalier, qu'éclairent des jours inégaux, vous a des recoins de cathédrale, avec des niches vides et des marches perdues qui ressemblent à des autels.

Cette nuit-là surtout, M. Majesté trouve à sa maison un aspect singulièrement grandiose. En traversant la cour déserte, le bruit de ses pas l'impressionne. L'escalier lui paraît immense, surtout très-lourd à monter. C'est le réveillon sans doute... Arrivé au premier étage, il s'arrête pour respirer, et s'approche d'une fenêtre. Ce que c'est que d'habiter une maison historique ! M. Majesté n'est pas poëte, oh ! non ; et pourtant, en regardant cette belle cour aristocratique, où la lune étend une nappe de lumière bleue, ce vieux logis de grand seigneur qui a si bien l'air de dormir avec ses toits engourdis sous leur capuchon de neige, il lui passe par l'esprit des idées de l'autre monde :

« Hein?... tout de même, si les Nesmond revenaient... »

A ce moment, un grand coup de sonnette retentit. Le portail s'ouvre à deux battants, si vite, si brusquement, que le réverbère s'éteint ; et pendant quelques minutes il se fait là-bas, dans l'ombre de la porte, un bruit confus de frôlements, de chuchotements. On se dispute, on se presse pour entrer. Voici des valets, beaucoup de valets, des carrosses tout en glaces miroitant au clair de lune, des chaises à porteurs balancées entre deux torches qui s'avivent au courant d'air du portail. En rien de temps, la cour est encombrée. Mais, au pied du perron, la confusion cesse. Des gens descendent des voitures, se saluent, entrent en causant comme s'ils connaissaient la maison. Il y a là, sur ce perron, un froissement de soie, un cliquetis d'épées. Rien que des chevelures blanches, alourdies et mates de poudre ; rien que des petites voix claires, un peu tremblantes, des petits rires sans timbre, des pas légers. Tous ces gens ont l'air d'être vieux, vieux. Ce sont des yeux effacés, des bijoux endormis, d'anciennes soies brochées, adoucies de nuances changeantes, que la lumière des torches fait briller d'un éclat doux ; et sur tout cela flotte un petit nuage de poudre, qui monte des cheveux échafaudés, roulés en boucles, à chacune de ces jolies révérences, un peu guindées par les épées et les grands paniers. Bientôt toute la maison a l'air d'être hantée. Les torches brillent de fenêtre en fenêtre, montent et descendent dans le tournoiement des escaliers. Jusqu'aux lucarnes des mansardes qui ont leur étincelle de fête et de vie ! Tout l'hôtel de Nesmond s'illumine, comme si un grand coup de soleil couchant avait allumé ses vitres.

« Ah ! mon Dieu ! ils vont mettre le feu !... » se dit M. Majesté. Et, revenu de sa stupeur, il tâche de secouer l'engourdissement de ses jambes et descend vite dans la cour, où les laquais viennent d'allumer un grand feu clair. M. Majesté s'approche ; il leur parle. Les laquais ne lui répondent pas, et continuent de causer tout bas entre eux, sans que la moindre vapeur s'échappe de leurs lèvres dans l'ombre glaciale de la nuit. M. Majesté n'est pas content ; cependant une chose le rassure, c'est que ce grand feu qui flambe si haut et si droit est un feu singulier, une flamme sans chaleur, qui brille et ne brûle pas. Tranquillisé de ce côté, le bonhomme franchit le perron et entre dans ses magasins.

Ces magasins du rez-de-chaussée devaient faire autrefois de beaux salons de réception. Des parcelles d'or terni brillent encore à tous les angles. Des peintures mythologiques tournent au plafond, entourent les glaces, flottent au-dessus des portes dans des teintes vagues, un peu ternes, comme le souvenir des années écoulées. Malheureusement il n'y a plus de rideaux, plus de meubles ; seulement des paniers, de grandes caisses pleines de siphons à têtes d'étain, et les branches desséchées d'un vieux lilas qui montent toutes noires derrière les vitres. M. Majesté, en entrant, trouve son magasin plein de lumière et de monde. Il salue, mais personne ne fait attention à lui. Les femmes aux bras de leurs cavaliers continuent à minauder cérémonieusement sous leurs pelisses de satin. On se promène, on cause, on se disperse. Vraiment tous ces vieux marquis ont l'air d'être chez eux. Devant un trumeau peint, une petite ombre s'arrête, toute tremblante : « Dire que c'est moi, et que me voilà ! » et elle regarde en souriant une Diane qui se dresse dans la boiserie, — mince et rose, avec un croissant au front.

« Nesmond, viens donc voir tes armes ! » et tout le monde rit en regardant le blason des Nesmond qui s'étale sur une toile d'emballage, avec le nom de Majesté au-dessous.

« Ah ! ah ! ah !... Majesté !... Il y en a donc encore des Majestés en France ? »

Et ce sont des gaietés sans fin, de petits rires à son de flûte, des doigts en l'air, des bouches qui minaudent...

Tout à coup quelqu'un crie :

« Du champagne ! du champagne !

— Mais non !...

— Mais si !... si, c'est du champagne... Allons, comtesse, vite un petit réveillon. »

C'est de l'eau de Seltz de M. Majesté

qu'ils ont prise pour du champagne. On le trouve bien un peu éventé; mais bah! on le boit tout de même, et, comme ces pauvres petites ombres n'ont pas la tête bien solide, peu à peu cette mousse d'eau de Seltz les anime, les excite, leur donne envie de danser. Des menuets s'organisent. Quatre fins violons que Nesmond a fait venir commencent un air de Rameau, tout en triolets, menu et mélancolique dans sa vivacité. Il faut voir toutes ces jolies vieilles tourner lentement, saluer en mesure d'un air grave. Leurs atours en sont rajeunis, et aussi les gilets d'or, les habits brochés, les souliers à boucles de diamants. Les panneaux eux-mêmes semblent revivre en entendant ces anciens airs. La vieille glace, enfermée dans le mur depuis deux cents ans, les reconnaît aussi, et tout éraflée, noircie aux angles, elle s'allume doucement et renvoie aux danseurs leur image, un peu effacée, comme attendrie d'un regret. Au milieu de toutes ces élégances, M. Majesté se sent gêné. Il s'est blotti derrière une caisse et regarde.

Petit à petit cependant le jour arrive. Par les portes vitrées du magasin, on voit la cour blanchir, puis le haut des fenêtres, puis tout un côté du salon. A mesure que la lumière vient, les figures s'effacent, se confondent. Bientôt M. Majesté ne voit plus que deux petits violons attardés dans un coin, et que le jour évapore en les touchant. Dans la cour, il aperçoit encore, mais si vague, la forme d'une chaise à porteurs, une tête poudrée semée d'émeraudes, les dernières étincelles d'une torche que les laquais ont jetée sur le pavé, et qui se mêlent avec le feu des roues d'une voiture de roulage entrant à grand bruit par le portail ouvert...

I.

LES VIEUX *

« Une lettre, père Azan ?

— Oui, monsieur... ça vient de Paris. »

Il était tout fier que ça vînt de Paris, ce brave père Azan... Pas moi. Quelque chose me disait que cette Parisienne de la rue Jean-Jacques, tombant sur ma table à l'improviste et de si grand matin, allait me faire perdre toute ma journée. Je ne me trompais pas, voyez plutôt :

Il faut que tu me rendes un service, mon ami. Tu vas fermer ton moulin pour un jour et t'en aller tout de suite à

* Lettres de mon moulin.

Eyguières... Eyguières est un gros bourg
à trois ou quatre lieues de chez toi, —
une promenade. En arrivant, tu deman-
deras le couvent des Orphelines. La première maison après le couvent est une
maison basse à volets gris avec un jardinet derrière. Tu entreras sans frapper,
— la porte est toujours ouverte ; et, en
entrant, tu crieras bien fort : « Bonjour,
braves gens. Je suis l'ami de Maurice... »
Alors tu verras deux petits vieux, oh !
mais vieux, vieux, archivieux, te tendre
les bras du fond de leurs grands fauteuils, et tu les embrasseras de ma part,
avec tout ton cœur, comme s'ils étaient à
toi. Puis vous causerez ; ils te parleront
de moi, rien que de moi ; ils te raconte-
ront mille folies que tu écouteras sans
rire... Tu ne riras pas, hein ?... Ce sont
mes grands-parents, deux êtres dont je
suis toute la vie et qui ne m'ont pas vu
depuis dix ans... Dix ans, c'est long !
mais que veux-tu ? moi, Paris, me tient;
eux, c'est le grand âge... Ils sont si

vieux, s'ils venaient me voir, ils se casseraient en route... Heureusement tu es là-bas, mon cher meunier, et, en t'embrassant, les pauvres gens croiront m'embrasser un peu moi-même... Je leur ai si souvent parlé de nous et de cette bonne amitié dont...

Le diable soit de l'amitié ! Justement ce matin-là il faisait un temps admirable, mais qui ne valait rien pour courir les routes, trop de mistral et trop de soleil, une vraie journée de Provence. Quand cette maudite lettre arriva, j'avais déjà choisi mon *cagnard* (abri) entre deux roches, et je rêvais de rester là tout le jour, comme un lézard, à boire de la lumière, en écoutant chanter les pins... Enfin, que vouliez-vous faire ? Je fermai le moulin en maugréant, je mis la clef sous la chatière. Mon bâton, ma pipe, et me voilà parti.

J'arrivai à Eyguières vers deux heures. Le village était désert, tout le monde aux champs. Dans les ormes du cours, blancs de poussière, les cigales chantaient comme en pleine Crau. Il y avait bien sur la place de la mairie un âne qui prenait le soleil, un vol de pigeons sur la fontaine de l'église; mais personne pour m'indiquer l'orphelinat. Par bonheur une vieille fée m'apparut tout à coup, accroupie et filant dans l'encoignure de sa porte; je lui dis ce que je cherchais, et, comme cette fée était très-puissante, elle n'eut qu'à lever sa quenouille, aussitôt le couvent des orphelines se dressa devant moi comme par magie... C'était une grande maison maussade et noire, toute fière de montrer au-dessus de son portail en ogive une vieille croix de grès rouge avec un peu de latin autour. A côté de cette maison, j'en aperçus une autre plus petite. Des volets gris, le jardin derrière... Je la reconnus tout de suite et j'entrai sans frapper. Je reverrai toute ma vie ce long corridor frais et calme, la muraille peinte en rose, le jardinet qui tremblait au fond à travers un store de couleur claire, et sur tous les panneaux des fleurs et des violons fanés. Il me semblait que j'arrivais chez quelque vieux bailli du temps de Sedaine... Au bout du couloir, sur la gauche, par une porte entr'ouverte, on entendait le tic-tac d'une grosse horloge et une voix d'enfant, mais d'enfant à l'école, qui lisait en s'arrêtant à chaque syllabe : « A...LORS...SAINT...I...RÉ...NÉE... S'É... CRI... A... JE... SUIS... LE... FRO...MENT...DU...SEI...GNEUR... IL... FAUT... QUE... JE... SOIS... MOU...LU...PAR...LA...DENT...DE... CES... A... NI... MAUX. » Je m'approchai doucement de cette porte et je regardai.

Dans le calme et le demi-jour d'une petite chambre, un bon vieux à pommettes roses, ridé jusqu'au bout des doigts, dormait au fond d'un fauteuil, la bouche ouverte, les mains sur ses genoux. A ses pieds une fillette habillée de bleu, — grande pèlerine et petit béguin, le costume des orphelines, — lisait la vie de saint Irénée dans un livre plus gros qu'elle. Cette lecture miraculeuse avait opéré sur toute la maison. Le vieux dormait dans son fauteuil, les mouches au plafond, les canaris dans leur cage, là-bas sur la fenêtre. La grosse horloge ronflait, tic-tac, tic-tac. Il n'y avait d'éveillé dans toute la chambre qu'une grande bande de lumière qui tombait droite et blanche entre les volets clos, pleine d'étincelles vivantes et de valses microscopiques... Au milieu de l'assoupissement général, l'enfant continuait sa lecture d'un air grave : « AUS...SI... TOT... DEUX... LIONS... SE...PRÉ... CI... PI... TÈ... RENT... SUR...LUI... ET... LE... DÉ... VO... RÈ... RENT. » C'est à ce moment que j'entrai... Les lions de saint Irénée se précipitant dans la chambre n'y auraient pas produit plus de stupeur que moi. Un vrai coup de théâtre ! La petite pousse un cri, le gros livre tombe, les canaris, les mouches se réveillent, la pendule sonne, le vieux se dresse en sursaut, tout effaré, et moi-même, un peu troublé, je m'arrête sur le seuil en criant bien fort : « Bonjour, braves gens, je suis l'ami de Maurice. »

Oh ! alors, si vous l'aviez vu, le pauvre vieux ! si vous l'aviez vu venir vers moi les bras tendus, m'embrasser, me serrer les mains, courir égaré dans la chambre en faisant : « Mon Dieu ! mon Dieu !... » Toutes les rides de son visage riaient. Il était rouge. Il bégayait : « Ah ! monsieur... ah ! monsieur... » puis il allait vers le fond en appelant : « Mamette !... »

Une porte qui s'ouvre, un trot de souris dans le couloir... C'était Mamette. Rien de joli comme cette petite vieille avec son bonnet à coques, sa robe carmélite, et son mouchoir brodé qu'elle tenait à la main pour me faire honneur, à l'ancienne mode. Chose attendrissante ! ils se ressemblaient. Avec un tour et des coques jaunes, il aurait pu s'appeler Mamette, lui aussi. Seulement la vraie Mamette avait dû beaucoup pleurer dans sa vie, et elle était encore plus ridée que l'autre. Comme l'autre aussi, elle avait près d'elle une enfant de l'orphelinat, petite garde en pèlerine bleue, qui ne la quittait jamais ; et de voir ces vieillards protégés par ces orphelines, c'était ce qu'on peut imaginer de plus touchant.

En entrant, Mamette avait commencé par me faire une grande révérence, mais d'un mot le vieux lui coupa sa révérence en deux : « C'est l'ami de Maurice !... » Aussitôt la voilà qui tremble, qui pleure, qui perd son mouchoir, qui devient rouge, toute rouge, encore plus rouge que lui... Ces vieux ! ça n'a qu'une goutte de sang dans les veines, et à la moindre émotion elle leur saute au visage... « Vite, vite, une chaise ! » dit la vieille à sa petite. « Ouvre les volets ! »

crie le vieux à la sienne ; et, me prenant chacun par une main, ils m'emmènent en trottinant jusqu'à la fenêtre, qu'on a ouverte toute grande pour mieux me voir. On approche les fauteuils, je m'installe entre les deux sur un pliant, les petites bleues derrière nous, et l'interrogatoire commence : « Comment va-t-il ? Qu'est-ce qu'il fait ? Pourquoi ne vient-il pas ? Est-ce qu'il est content ? » Et patati ! et patata ! Comme cela pendant des heures.

Moi, je répondais de mon mieux à toutes leurs questions, donnant sur mon ami les détails que je savais, inventant effrontément ceux que je ne savais pas, me gardant surtout d'avouer que je n'avais jamais remarqué si ses fenêtres fermaient bien ou de quelle couleur était le papier de sa chambre.

« Le papier de sa chambre !... Il est bleu, madame, bleu clair, avec des guirlandes...

— Vraiment ! » faisait la pauvre vieille

attendrie, et elle ajoutait en se tournant vers son mari : « C'est un si brave enfant ! »

— Oh ! oui, c'est un brave enfant ! » reprenait l'autre avec enthousiasme ; et tout le temps que je parlais, c'étaient entre eux des hochements de tête, de petits rires fins, des clignements d'yeux, des airs entendus, ou bien encore le vieux qui se rapprochait pour me dire : « Parlez plus fort... Elle a l'oreille un peu dure. » Et elle de son côté : « Un peu plus haut, je vous prie... Il n'entend pas très-bien... » — Alors j'élevais la voix, et tous deux me remerciaient d'un sourire ; et dans ces sourires fanés qui se penchaient vers moi, cherchant jusqu'au fond de mes yeux l'image de leur Maurice, moi, j'étais tout ému de la retrouver, cette image, vague, voilée, presque insaisissable, comme si je voyais mon ami me sourire, très-loin, dans un brouillard.

Tout à coup le vieux se dresse sur son fauteuil :

« Mais j'y pense, Mamette..... il n'a peut-être pas déjeuné ? »

Et Mamette, effarée, les bras au ciel :

« Pas déjeuné !... Grand Dieu ! »

Je croyais qu'il s'agissait encore de Maurice, et j'allais répondre que ce brave enfant n'attendait jamais plus tard que midi pour se mettre à table. Mais non, c'était bien de moi qu'on parlait, et il faut voir quel branle-bas quand j'avouai que j'étais encore à jeun. « Vite le couvert, petites bleues ! La table au milieu de la chambre, la nappe du dimanche, les assiettes à fleurs. Et ne rions pas tant, s'il vous plaît et dépêchons-nous... » Je crois bien qu'elles se dépêchaient ! A peine le temps de casser trois assiettes, le déjeuner se trouva servi.

« Un bon petit déjeuner, me disait Mamette en me conduisant à table ; seulement vous serez tout seul... Nous autres, nous avons déjà mangé ce matin. »

Ces pauvres vieux, à quelque heure

qu'on les prenne, ils ont toujours mangé le matin.

Le bon petit déjeuner de Mamette, c'était deux doigts de lait, des dattes et une *barquette*, quelque chose comme un échaudé ; de quoi la nourrir, elle et ses canaris, au moins pendant huit jours.... Et dire qu'à moi seul je vins à bout de toutes ces provisions ! Aussi quelle indignation autour de la table ! Comme les petites bleues chuchotaient en se poussant du coude, et là-bas, au fond de leur cage, comme les canaris avaient l'air de se dire : « Oh ! ce monsieur qui mange toute la *barquette !* »

Je la mangeai toute, en effet, et presque sans m'en apercevoir, occupé que j'étais à regarder autour de moi dans cette chambre claire et paisible où flottait comme une odeur de choses anciennes... Il y avait surtout deux petits lits dont je ne pouvais pas détacher mes yeux. Ces lits, presque deux berceaux, je me les figurais le matin, au petit jour, quand ils sont encore enfouis sous leurs grands rideaux à franges. Trois heures sonnent. C'est l'heure où tous les vieux se réveillent : « Tu dors, Mamette? — Non, mon ami. — N'est-ce pas que Maurice est un brave enfant? — Oh! oui, c'est un brave enfant! »

Et j'imaginais comme cela toute une causerie, rien que pour avoir vu ces deux petits lits de vieux, dressés l'un à côté de l'autre...

Pendant ce temps un drame terrible se passait à l'autre bout de la chambre, devant l'armoire. Il s'agissait d'atteindre là-haut, sur le dernier rayon, certain bocal de cerises à l'eau-de-vie qui attendait Maurice depuis dix ans et dont on voulait me faire faire l'ouverture. Malgré les supplications de Mamette, le vieux avait tenu à aller chercher ses cerises lui-même ; et, monté sur une chaise au grand effroi de sa femme, il essayait d'arriver là-haut... Vous voyez le tableau d'ici : le vieux qui tremble et qui se hisse, les petites bleues cramponnées à sa chaise, Mamette derrière lui haletante, les bras tendus, et sur tout cela un léger parfum de bergamote qui s'exhale de l'armoire ouverte et des grandes piles de linge roux... C'était charmant.

Enfin, après bien des efforts, on parvint à le tirer de l'armoire, ce fameux bocal, et avec lui une vieille timbale d'argent toute bosselée, la timbale de Maurice quand il était petit. On me la remplit de cerises jusqu'au bord ; Maurice les aimait tant, les cerises ! Et, tout en me servant, le vieux me disait à l'oreille d'un air de gourmandise : « Vous êtes bien heureux, vous, de pouvoir en manger... C'est ma femme qui les a faites... Vous allez goûter quelque chose de bon. »

Hélas ! sa femme les avait faites, mais elle avait oublié de les sucrer. Que voulez-vous ? on devient distrait en vieillissant. Elles étaient atroces, vos cerises, ma pauvre Mamette... mais cela ne m'empêcha pas de les manger jusqu'au bout, sans sourciller.

Le repas terminé, je me levai pour prendre congé de mes hôtes. Ils auraient bien voulu me garder encore un peu pour causer du brave enfant, mais le jour baissait, le moulin était loin, il fallait partir.
Le vieux s'était levé en même temps que moi : « Mamette, mon habit !... je veux le conduire jusqu'à la place. » Bien sûr qu'au fond d'elle-même Mamette trouvait qu'il faisait déjà un peu frais pour me conduire jusqu'à la place ; mais elle n'en laissa rien paraître. Seulement, pendant qu'elle l'aidait à passer les manches de son habit, un bel habit tabac d'Espagne à boutons de nacre, j'entendais la chère créature qui lui disait doucement : « Tu ne rentreras pas trop tard, n'est-ce pas ? » Et lui d'un petit

air malin : « Hé! hé!... je ne sais pas... peut-être.... » Là-dessus, ils se regardaient en riant, et les petites bleues riaient de les voir rire, et dans leur coin les canaris riaient aussi à leur manière. Entre nous, je crois que l'odeur des cerises les avait tous un peu grisés.

... La nuit tombait, quand nous sortîmes, le grand-père et moi. La petite bleue nous suivait de loin pour le ramener, mais lui ne la voyait pas, et il était tout fier de marcher à mon bras, comme un homme. Mamette, rayonnante, voyait cela du pas de sa porte, et elle avait en nous regardant de jolis petits hochements de tête qui semblaient dire : « Tout de même, mon pauvre homme!... il marche encore. »

III

UN DÉCORÉ DU 15 AOUT

Un soir, en Algérie, à la fin d'une journée de chasse, un violent orage me surprit dans la plaine du Chélif, à quelques lieues d'Orléansville. Pas l'ombre d'un village ni d'un caravansérail en vue. Rien que des palmiers nains, des fourrés de lentisques et de grandes terres labourées jusqu'au bout de l'horizon. En outre, le Chélif, grossi par l'averse, commençait à ronfler d'une façon alarmante, et je courais risque de passer ma nuit en plein marécage. Heureusement l'interprète civil du bureau de Milianah, qui m'accompagnait, se souvint qu'il y avait tout près de nous, cachée dans un pli de terrain, une tribu dont il connaissait l'aga, et nous nous décidâmes à aller lui demander l'hospitalité pour une nuit.

Ces villages arabes de la plaine sont tellement enfouis dans les cactus et les figuiers de Barbarie, leurs gourbis de terre sèche sont bâtis si ras du sol, que nous étions au milieu du douar avant de l'avoir aperçu. Était-ce l'heure, la pluie, ce grand silence?... Mais le pays me parut bien triste et comme sous le poids d'une angoisse qui y avait suspendu la vie. Dans les champs, tout autour, la récolte s'en allait à l'abandon. Les blés, les orges, rentrés partout ailleurs, étaient là couchés, en train de pourrir sur place. Des herses, des charrues rouillées traînaient, oubliées sous la pluie. Toute la tribu avait ce même air de tristesse délabrée et d'indifférence. C'est à peine si les chiens aboyaient à notre approche. De temps en temps, au fond d'un gourbi, on entendait des cris d'enfant, et l'on voyait passer dans le fourré la tête rase d'un gamin, ou le haïck troué de quelque vieux. Çà et là, de petits ânes, grelottant sous les buissons. Mais pas un cheval, pas un homme... comme si on était encore au temps des grandes guerres, et tous les cavaliers partis depuis des mois.

La maison de l'aga, espèce de longue ferme aux murs blancs, sans fenêtres, ne paraissait pas plus vivante que les autres. Nous trouvâmes les écuries ouvertes, les box et les mangeoires vides, sans un palefrenier pour recevoir nos chevaux.

« Allons voir au café maure, » me dit mon compagnon.

Ce qu'on appelle le café maure est comme le salon de réception des châtelains arabes; une maison dans la maison, réservée aux hôtes de passage, et où ces bons musulmans si polis, si affables, trouvent moyen d'exercer leurs vertus hospitalières tout en gardant l'inimité familiale que commande la loi. Le café maure de l'aga Si-Sliman était ouvert et silencieux comme ses écuries. Les hautes murailles peintes à la chaux, les trophées d'armes, les plumes d'autruche, le large divan bas courant autour de la salle, tout cela ruisselait sous les paquets de pluie que la rafale chassait par la porte... Pourtant il y avait du monde dans le café. D'abord le cafetier, vieux Kabyle en guenilles, accroupi la tête entre ses genoux, près d'un brasero renversé. Puis le fils de l'aga, un bel enfant fiévreux et pâle, qui reposait sur le divan, roulé dans un bournous noir, avec deux grands lévriers à ses pieds.

Quand nous entrâmes, rien ne bougea; tout au plus si un des lévriers remua la tête, et si l'enfant daigna tourner vers nous son bel œil noir, enfiévré et languissant.

« Et Si-Sliman ? » demanda l'interprète.

Le cafetier fit par-dessus sa tête un geste vague qui montrait l'horizon, loin, bien loin... Nous comprîmes que Si-Sliman était parti pour quelque grand voyage; mais, comme la pluie ne nous permettait pas de nous remettre en route, l'interprète, s'adressant au fils de l'aga, lui dit en arabe que nous étions des amis de son père, et que nous lui demandions un asile jusqu'au lendemain. Aussitôt l'enfant se leva, malgré le mal qui le brûlait, donna des ordres au cafetier, puis, nous montrant les divans d'un air courtois, comme pour nous dire : « Vous êtes mes hôtes, » il salua à la manière arabe, la tête inclinée, un baiser du bout des doigts, et, se drapant fièrement dans ses bournous, sortit avec la gravité d'un aga et d'un maître de maison.

Derrière lui, le cafetier ralluma son brasero, posa dessus deux bouilloires microscopiques, et, tandis qu'il nous préparait le café, nous pûmes lui arracher quelques détails sur le voyage de son maître et l'étrange abandon où se trouvait la tribu. Le Kabyle parlait vite, avec des gestes de vieille femme, dans un beau langage guttural, tantôt précipité, tantôt coupé de grands silences pendant lesquels on entendait la pluie tombant sur la mosaïque des cours intérieures, les bouilloires qui chantaient, et les aboiements des chacals répandus par milliers dans la plaine.

Voici ce qui était arrivé au malheureux Si-Sliman. Quatre mois auparavant, le jour du 15 août, il avait reçu cette fameuse décoration de la Légion d'honneur qu'on lui faisait attendre depuis si longtemps. C'était le seul aga de la province qui ne l'eût pas encore. Tous les autres étaient chevaliers, officiers; deux ou trois même portaient autour de leur haïck le grand cordon de commandeur et se mouchaient dedans en toute innocence, comme je l'ai vu faire bien des fois au bach'aga Boualem. Ce qui jusqu'alors avait empêché Si-Sliman d'être décoré, c'est une querelle qu'il avait eue avec son chef de bureau arabe à la suite d'une partie de bouillotte, et la camaraderie militaire est tellement puissante en Algérie, que, depuis dix ans, le nom de l'aga figurait sur des listes de proposition, sans jamais parvenir à passer. Aussi vous pouvez vous imaginer la joie du brave Si-Sliman, lorsqu'au matin du 15 août, un spahi d'Orléansville était venu lui apporter le petit écrin doré avec le brevet de légionnaire, et que Baïa, la plus aimée de ses quatre femmes, lui avait attaché la croix de France sur son bournous en poils de chameau. Ce fut pour la tribu l'occasion de diffas et de fantasias interminables. Toute la nuit, les tambourins, les flûtes de roseau retentirent. Il y eut des danses, des feux de joie, je ne sais combien de moutons de tués; et pour que rien ne manquât à la fête, un fameux improvisateur du Djendel composa, en l'honneur de Si-Sliman, une cantate magnifique qui commençait ainsi : « *Vent, attelle les coursiers pour porter la bonne nouvelle...* »

Le lendemain, au jour levant, Si-Sliman appela sous les armes le ban et l'arrière-ban de son goum, et s'en alla à Alger avec ses cavaliers pour remercier le gouverneur. Aux portes de la ville, le goum s'arrêta, selon l'usage. L'aga se rendit seul au palais du gouvernement, vit le duc de Malakoff et l'assura de son dévouement à la France, en quelques phrases pompeuses de ce style oriental qui passe pour imagé, parce que, depuis trois mille ans, tous les jeunes hommes y sont comparés à des palmiers, toutes les femmes à des gazelles. Puis, ces devoirs rendus, il monta se faire voir dans la ville haute, fit, en passant, ses dévotions à la mosquée, distribua de l'argent aux pauvres, entra chez les barbiers, chez les brodeurs, acheta pour ses femmes des eaux de senteur, des soies à fleurs et à ramages, des corselets bleus tout passementés d'or, des bottes rouges de cavalier pour son petit aga, payant sans marchander et répandant sa joie en beaux douros. On le vit dans les bazars, assis sur des tapis de Smyrne, buvant le café à la porte des marchands maures, qui le félicitaient. Autour de lui la foule se pressait, curieuse. On disait : « Voilà Si-Sliman... l'*embercur* vient de lui envoyer la croix. » Et les petites mauresques qui revenaient du bain, en mangeant des pâtisseries, coulaient sous leurs masques blancs de longs regards d'admiration vers cette belle croix d'argent neuf si fièrement portée. Ah ! l'on a parfois de bons moments dans la vie...

Le soir venu, Si-Sliman se préparait à rejoindre son goum et déjà il avait le pied dans l'étrier, quand un chaouch de la préfecture vint à lui tout essoufflé :

« Te voilà, Si-Sliman, je te cherche

partout... Viens vite, le gouverneur veut te parler. »

Si-Sliman le suivit sans inquiétude. Pourtant, en traversant la grande cour mauresque du palais, il rencontra son chef de bureau arabe qui lui fit un mauvais sourire. Ce sourire d'un ennemi l'effraya, et c'est en tremblant qu'il entra dans le salon du gouverneur. Le maréchal le reçut à califourchon sur une chaise :

« Si-Sliman, lui dit-il avec sa brutalité ordinaire et cette fameuse voix de nez qui donnait le tremblement à tout son entourage, Si-Sliman, mon garçon, je suis désolé... il y a eu erreur... Ce n'est pas toi qu'on voulait décorer; c'est le kaïd des Zoug-Zougs... il faut rendre ta croix. »

La belle tête bronzée de l'aga rougit comme si on l'avait approchée d'un feu de forge. Un mouvement convulsif secoua son grand corps. Ses yeux flambèrent... Mais ce ne fut qu'un éclair. Il les baissa presque aussitôt, et s'inclina devant le gouverneur.

« Tu es le maître, seigneur, » lui dit-il, et arrachant la croix de sa poitrine, il la posa sur une table. Sa main tremblait ; il y avait des larmes au bout de ses longs cils. Le vieux Pélissier en fut touché :

« Allons, allons, mon brave, ce sera pour l'année prochaine. »

Et il lui tendait la main d'un air bon enfant.

L'aga feignit de ne pas la voir, s'inclina sans répondre et sortit. Il savait à quoi s'en tenir sur la promesse du maréchal, et se voyait à tout jamais déshonoré par une intrigue de bureau.

Le bruit de sa disgrâce s'était déjà répandu dans la ville. Les Juifs de la rue Bab Azoun le regardaient passer en ricanant. Les marchands maures, au contraire, se détournaient de lui d'un air de pitié ; et cette pitié lui faisait encore plus de mal que ces rires. Il s'en allait, longeant les murs, cherchant les ruelles les plus noires. La place de sa croix arrachée le brûlait comme une blessure ouverte. Et tout le temps, il pensait :

« Que diront mes cavaliers ? que diront mes femmes ? »

Alors il lui venait des bouffées de rage. Il se voyait prêchant la guerre sainte, là-bas, sur les frontières du Maroc toujours rouges d'incendies et de batailles ; ou bien courant les rues d'Alger à la tête de son goum, pillant les Juifs, massacrant les chrétiens, et tombant lui-même dans ce grand désordre où il aurait caché sa honte. Tout lui paraissait possible plutôt que de retourner dans sa tribu... Tout à coup, au milieu de ses projets de vengeance, la pensée de l'*Emberour* jaillit en lui comme une lumière.

L'*Emberour* !... Pour Si-Sliman, comme pour tous les Arabes, l'idée de justice et de puissance se résumait dans ce seul mot. C'était le vrai chef des croyants de ces musulmans de la décadence; l'autre, celui de Stamboul, leur apparaissait de loin comme un être de raison, une sorte de pape invisible qui n'avait gardé pour lui que le pouvoir spirituel, et dans l'hégire où nous sommes on sait ce que vaut ce pouvoir-là.

Mais l'*Emberour* avec ses gros canons, ses zouaves, sa flotte en fer!.. Dès qu'il eut pensé à lui, Si-Sliman se crut sauvé. Pour sûr l'empereur allait lui rendre sa croix. C'était l'affaire de huit jours de voyage, et il le croyait si bien qu'il voulut que son goum l'attendît aux portes d'Alger. Le paquebot du lendemain l'emportait vers Paris, plein de recueillement et de sérénité, comme pour un pèlerinage à la Mecque.

Pauvre Si-Sliman! il y avait quatre mois qu'il était parti, et les lettres qu'il envoyait à ses femmes ne parlaient pas encore de retour. Depuis quatre mois, le malheureux aga était perdu dans le brouillard parisien, passant sa vie à courir les ministères, berné partout, pris dans le formidable engrenage de l'administration française, renvoyé de bureau en bureau, salissant ses bournous sur les coffres à bois des antichambres, à l'affût d'une audience qui n'arrivait jamais; puis, le soir, on le voyait, avec sa longue figure triste, ridicule à force de majesté, attendant sa clef dans un bureau d'hôtel garni, et il remontait chez lui, las de courses, de démarches, mais toujours fier, cramponné à l'espoir, s'acharnant comme un décavé à courir après son honneur...

Pendant ce temps-là, ses cavaliers, accroupis à la porte Bab-Azoun, attendaient avec le fatalisme oriental; les chevaux, au piquet, hennissaient du côté de la mer. Dans la tribu, tout était en suspens. Les moissons mouraient sur place, faute de bras. Les femmes, les enfants, comptaient les jours, la tête tournée vers Paris. Et c'était pitié de voir combien d'espoirs, d'inquiétudes et de ruines traînaient déjà à ce bout de ruban rouge... Quand tout cela finirait-il ?

— « Dieu seul le sait, » disait le cafetier en soupirant, et par la porte entr'ouverte, sur la plaine violette et triste, son bras nu nous montrait un petit croissant de lune blanche qui montait dans le ciel mouillé...

IV

LA MULE DU PAPE *

De tous les jolis dictons, proverbes ou adages dont nos paysans de Provence passementent leurs discours, je n'en sais pas un plus pittoresque ni plus singulier que celui-ci. A quinze lieues autour de mon moulin, quand on parle d'un homme rancunier, vindicatif, on dit : « Cet homme là, méfiez-vous!..... Il est comme la mule du pape, qui garde sept ans son coup de pied. »

J'ai cherché bien longtemps d'où ce proverbe pouvait venir, ce que c'était que cette mule papale et ce coup de

* Lettres de mon moulin.

pied gardé pendant sept ans. Personne ici n'a pu me renseigner à ce sujet, pas même Francet Mamaï, mon joueur de fifre, qui connaît pourtant son légendaire provençal sur le bout du doigt. Francet pense, comme moi, qu'il y a là-dessous quelque ancienne chronique du pays d'Avignon; mais il n'en a jamais entendu parler autrement que par le proverbe... « Vous ne trouverez cela qu'à la bibliothèque des Cigales, » m'a dit le vieux fifre en riant. L'idée m'a paru bonne, et, comme la bibliothèque des Cigales est à ma porte, je suis allé m'y enfermer pendant huit jours.

C'est une bibliothèque merveilleuse, admirablement montée, ouverte aux poëtes jour et nuit et desservie par de petits bibliothécaires à cymbales qui vous font de la musique tout le temps. J'ai passé là quelques journées délicieuses, et, après une semaine de recherches— sur le dos, — j'ai fini par découvrir ce que je voulais, c'est-à-dire l'histoire de ma mule et de ce fameux coup de pied gardé pendant sept ans. Le conte en est joli quoique un peu naïf, et je vais essayer de vous le dire tel que je l'ai lu hier matin dans un manuscrit couleur du temps, qui sentait bon la lavande sèche et avait de grands fils de la Vierge pour sinets.

Qui n'a pas vu Avignon du temps des Papes, n'a rien vu. Pour la gaieté, la vie, l'animation, le train des fêtes, jamais une ville pareille. C'était du matin au soir des processions, des pèlerinages, les rues jonchées de fleurs, tapissées de hautes lices, des arrivages de cardinaux par le Rhône, bannières au vent, galères pavoisées, les soldats du Pape qui chantaient du latin sur les places, les crécelles des frères quêteurs ; puis, du haut en bas des maisons qui se pressaient en bourdonnant autour du grand palais papal comme des abeilles autour de leur ruche, c'était encore tictac des métiers à dentelles, le va-et-vient des navettes tissant l'or des chasubles, les petits marteaux des ciseleurs de burette, les tables d'harmonie qu'on ajustait chez les luthiers, les cantiques des ourdisseuses ; — par là-dessus le bruit des cloches, et toujours quelques tambourins qu'on entendait ronfler, là-bas, du côté du pont. Car chez nous, quand le peuple est content, il faut qu'il danse. il faut qu'il danse; et comme en ce temps-là les rues de la ville étaient trop étroites pour la farandole, fifres et tambourins se postaient sur le pont d'Avignon, au vent frais du Rhône, et jour et nuit l'on y dansait, l'on y dansait... Ah! l'heureux temps! l'heureuse ville! Des hallebardes qui ne coupaient pas ; des prisons d'État où l'on mettait le vin à rafraîchir. Jamais de disette, jamais de guerre! Voilà comment les Papes du Comtat savaient gouverner leur peuple; voilà pourquoi leur peuple les a tant regrettés!

Il y en a un surtout, un bon vieux, qu'on appelait Boniface... Oh! celui-là, que de larmes on a versées en Avignon quand il est mort! C'était un prince si aimable, si avenant; il vous riait si bien du haut de sa mule, et quand vous passiez près de lui, — fussiez-vous un pauvre petit tireur de garance ou le grand viguier de la ville, — il vous donnait sa bénédiction si poliment! Un vrai pape d'Yvetot, mais d'un Yvetot de Provence, avec quelque chose de fin dans le rire, un brin de marjolaine à sa barrette, et pas la moindre Jeanneton. La seule Jeanneton qu'on lui ait jamais connue, à ce bon père, c'était sa vigne, — une petite vigne qu'il avait plantée lui-même, à trois lieues d'Avignon, dans les myrtes de Châteauneuf.

Tous les dimanches, en sortant de vêpres, le digne homme allait lui faire sa cour; et quand il était là-haut, assis au bon soleil, sa mule près de lui, ses cardinaux tout autour, étendus aux pieds des souches, alors il faisait déboucher un flacon de vin du cru, — ce beau vin couleur de rubis qui s'est appelé depuis le Château-Neuf-des-Papes, — et il le dégustait par petits coups, en regardant sa vigne d'un air attendri. Puis, le flacon vidé, le jour tombant, il rentrait joyeusement à la ville, suivi de tout son chapitre ; et, lorsqu'il passait sur le pont d'Avignon, au milieu des tambours et des farandoles, sa mule, mise en train par la musique, prenait un petit amble sautillant, tandis que lui-même il marquait le pas de la danse avec sa barrette, ce qui scandalisait fort ses cardinaux, mais faisait dire à tout le peuple : « Ah ! le bon prince ! Ah ! le brave pape ! »

Après sa vigne de Château-Neuf, ce que le pape aimait le plus au monde, c'était sa mule. Le bonhomme en raffolait, de cette bête-là. Tous les soirs, avant de se coucher, il allait voir si son écurie était bien fermée, si rien ne manquait dans sa mangeoire, et jamais il ne se serait levé de table sans faire préparer sous ses yeux un grand bol de vin à la française, avec beaucoup de sucre et d'aromates, qu'il allait lui porter lui-même, malgré les observations de ses cardinaux... Il faut dire aussi que la bête en valait la peine. C'était une belle mule noire mouchetée de rouge, le pied sûr, le poil luisant, la croupe large et pleine, — portant fièrement sa petite tête sèche toute harnachée de pompons, de nœuds, de grelots d'argent, de bouffettes; de plus douce comme un ange, l'œil naïf, et deux longues oreilles toujours en branle, qui lui donnaient l'air bon enfant... Tout Avignon la respectait, et, quand elle allait dans les rues, il n'y avait pas de bonnes manières qu'on ne lui fît; car chacun savait que c'était le plus sûr moyen d'être bien en cour, et qu'avec son air innocent, la mule du pape en avait mené plus d'un à la fortune, à preuve Tistet Védène et sa prodigieuse aventure.

Ce Tistet Védène était, dans le principe, un effronté galopin, que son père, Guy Védène, le sculpteur d'or, avait été obligé de chasser de chez lui, parce qu'il ne voulait rien faire et débauchait les apprentis. Pendant six mois on le vit traîner sa jaquette dans tous les ruisseaux d'Avignon, mais principalement du côté de la maison papale; car le drôle avait depuis longtemps son idée sur la mule du pape, et vous allez voir que c'était quelque chose de malin... Un jour que Sa Sainteté se promenait toute seule sous les remparts avec sa bête, voilà mon Tistet qui l'aborde, et lui dit en joignant les mains d'un air d'admiration : « Ah mon Dieu ! grand
« Saint-Père, quelle brave mule vous
« avez là !... Laissez un peu que je la
« regarde..... Ah ! mon pape, la belle
« mule !... L'empereur d'Allemagne n'en
« a pas une pareille. » — Et il la cares-

sait, et il lui parlait doucement comme
à une demoiselle : « Venez çà, mon bi-
« jou, mon trésor, ma perle fine... » Et
le bon pape, tout ému, se disait dans
lui-même : « Quel bon petit garçon-
« net!... Comme il est gentil avec ma
« mule! » Et puis le lendemain savez-
vous ce qu'il arriva? Tistet Védène tro-
qua sa vieille jaquette jaune contre une
belle aube de dentelles, un camail de
soie violette, des souliers à boucles, et
il entra dans la maîtrise du pape, où
jamais avant lui on n'avait reçu que
des fils de nobles et des neveux de cardinaux. Voilà ce que c'est que l'intrigue !... Mais Tistet ne s'en tint pas
là.

Une fois au service du pape, le drôle
continua le jeu qui lui avait si bien
réussi. Insolent avec tout le monde, il
n'avait d'attentions ni de prévenances
que pour la mule, et toujours on le rencontrait par les cours du palais avec
une poignée d'avoine ou une bottelée

de sainfoin, dont il secouait gentiment les grappes roses en regardant le balcon du Saint-Père, d'un air de dire : « Hein !... pour qui ça ?... » Tant et tant qu'à la fin le bon pape, qui se sentait devenir vieux, en arriva à lui laisser le soin de veiller sur l'écurie et de porter à la mule son bol de vin à la française ; ce qui ne faisait pas rire les cardinaux.

Ni la mule non plus, cela ne la faisait par rire..... Maintenant, à l'heure de son vin, elle voyait toujours arriver chez elle cinq ou six petits clercs de maîtrise qui se fourraient vite dans la paille avec leurs camails et leurs dentelles ; puis au bout d'un moment une bonne odeur chaude de caramel et d'aromates emplissait l'écurie, et Tistet Védène apparaissait portant avec précaution le bol de vin à la française. Alors le martyre de la pauvre bête commençait.

Ce vin parfumé qu'elle aimait tant,

qui lui tenait chaud, qui lui mettait des
ailes, on avait la cruauté de le lui apporter, là, dans sa mangeoire, de le lui
faire respirer ; puis, quand elle en avait
les narines pleines, passe je t'ai vu! La
belle liqueur de flamme rose s'en allait
toute dans le gosier de ces garnements...
Et encore s'ils n'avaient fait que lui voler son vin; mais c'étaient comme des
diables, tous ces petits clercs, quand ils
avaient bu!... L'un lui tirait les oreilles,
l'autre la queue; Quiquet lui montait
sur le dos, Béluguet lui essayait sa barrette, et pas un de ces galopins ne songeait que d'un coup de reins ou d'une
ruade la brave bête aurait pu les envoyer tous dans l'étoile polaire, et même
plus loin... Mais non! On n'est pas pour
rien la mule du pape, la mule des bénédictions et des indulgences. Les enfants avaient beau faire, elle ne se fâchait pas; et ce n'est qu'à Tistet Védène
qu'elle en voulait. Celui-là, par exemple, quand elle le sentait derrière elle,

son sabot lui démangeait, et vraiment il y avait bien de quoi. Ce vaurien de Tistet lui jouait de si vilains tours ! il avait de si cruelles inventions après boire !...

Est-ce qu'un jour il ne s'avisa pas de la faire monter avec lui dans le clocheton de la maîtrise, là-haut, tout là-haut, à la pointe du palais. Et ce que je vous dis là n'est pas un conte, deux cent mille Provençaux l'ont vu. Vous figurez-vous la terreur de cette malheureuse mule, lorsqu'après avoir tourné pendant une heure à l'aveuglette dans un escalier en colimaçon et grimpé je ne sais combien de marches, elle se trouva tout à coup sur une plate-forme éblouissante de lumière, et qu'à mille pieds au-dessous d'elle elle aperçut tout un Avignon fantastique, les baraques du marché pas plus grosses que des noisettes, les soldats du pape devant leur caserne comme des fourmis rouges, et là-bas, sur un fil d'argent, un petit pont microscopique

où l'on dansait, où l'on dansait... Ah
pauvre bête ! quelle panique ! Du cri
qu'elle en poussa, toutes les vitres du
palais tremblèrent.

« Qu'est-ce qu'il y a ? qu'est-ce qu'on
lui fait ? » s'écria le bon pape en se précipitant sur son balcon.

Tistet Védène était déjà dans la cour,
faisant mine de pleurer et de s'arracher
les cheveux : « Ah ! grand Saint-Père,
ce qu'il y a !... Il y a que votre mule...
Mon Dieu ! qu'allons-nous devenir ?...
Il y a que votre mule est montée dans
le clocheton...

— Toute seule ?

— Oui, grand Saint-Père, toute seule...
Tenez ! regardez-la là haut... Voyez-vous
le bout de ses oreilles qui passe ?... On
dirait deux hirondelles !...

— Miséricorde ! fit le pauvre pape en
levant les yeux... Mais elle est donc devenue folle ! Mais elle va se tuer... Veux-tu bien descendre, malheureuse !... »

Pécaïré ! elle n'aurait pas mieux demandé, elle, que de descendre ; mais par où ? L'escalier, il n'y fallait pas songer : ça se monte encore, ces choses-là ; mais à la descente, il y aurait de quoi se rompre cent fois les jambes... Et la pauvre mule se désolait, et, tout en rôdant sur la plate-forme avec ses gros yeux pleins de vertige, elle pensait à Tistet Védène :

« Ah ! bandit, si j'en réchappe..., quel coup de sabot demain matin ! »

Cette idée de coup de sabot lui redonnait un peu de cœur aux jambes ; sans cela elle n'aurait pas pu se tenir... Enfin on parvint à la tirer de là-haut, mais ce fut toute une affaire. Il fallut la descendre avec un cric, des cordes, une civière. Et vous pensez quelle humiliation pour la mule d'un pape de se voir pendue à cette hauteur, nageant des pattes dans le vide comme un hanneton au bout d'un fil ! Et tout Avignon qui la regardait !

La malheureuse bête n'en dormit pas

de la nuit. Il lui semblait toujours qu'elle
tournait sur cette maudite plate-forme,
avec les rires de la ville au-dessous.
Puis elle pensait à cet infâme Tistet
Védène et au joli coup de sabot qu'elle
allait lui détacher le lendemain matin.
Ah! mes amis, quel coup de sabot! De
Pampelune on en verrait la fumée...
Or, pendant qu'on lui préparait cette
belle réception à l'écurie, savez-vous ce
que faisait Tistet Védène? Il descendait
le Rhône en chantant sur une galère
papale, et s'en allait à la cour de Naples avec la troupe de jeunes nobles que
la ville envoyait tous les ans près de la
reine Jeanne, pour s'exercer à la diplo-
matie et aux belles manières. Tistet
n'était pas noble; mais le pape tenait
à le récompenser des soins qu'il avait
donnés à sa bête, et principalement de
l'activité qu'il venait de déployer pendant la journée du sauvetage.

C'est la mule qui fut désappointée le
lendemain! « Ah le bandit! il s'est

douté de quelque chose !... pensait-elle en secouant ses grelots avec fureur...; mais c'est égal, va, mauvais ! tu le retrouveras au retour, ton coup de sabot..., je te le garde. » Et elle le lui garda.

Après le départ de Tistet, la mule du pape retrouva son train de vie tranquille et ses allures d'autrefois. Plus de Quiquet, plus de Béluguet à l'écurie. Les beaux jours du vin à la française étaient revenus, et avec eux la bonne humeur, les longues siestes, et le petit pas de gavotte quand elle passait sur le pont d'Avignon. Pourtant, depuis son aventure, on lui marquait toujours un peu de froideur dans la ville. Il y avait des chuchotements sur sa route ; les vieilles gens hochaient la tête, les enfants riaient en se montrant le clocheton. Le bon pape lui-même n'avait plus autant de confiance en son amie, et, lorsqu'il se laissait aller à faire un petit somme sur son dos, le dimanche, en revenant de la vigne, il gardait toujours cette arrière-pensée : « Si j'allais me réveiller là-haut, sur la plate-forme ! » La mule voyait cela, et elle en souffrait, sans rien dire ; seulement, quand on prononçait le nom de Tistet Védène devant elle, ses longues oreilles frémissaient, et elle aiguisait avec un petit rire le fer de ses sabots sur le pavé...

Sept ans se passèrent ainsi ; puis, au bout de ces années, Tistet Védène revint de la cour de Naples. Son temps n'était pas encore fini là-bas ; mais il avait appris que le premier moutardier du pape venait de mourir subitement en Avignon, et, comme la place lui semblait bonne, il était arrivé en grande hâte pour se mettre sur les rangs.

Quand cet intrigant de Védène entra dans la salle du palais, le saint-père eut peine à le reconnaître, tant il avait grandi et pris du corps. Il faut dire aussi que le bon pape s'était fait vieux de son côté, et qu'il n'y voyait pas bien sans besicles.

Tistet ne s'intimida pas :

« Comment! grand Saint-Père, vous ne me reconnaissez plus ?... C'est moi, Tistet Védène !...

— Védène ?...

— Mais oui, vous savez bien... celui qui portait le vin français à votre mule.

— Ah! oui... oui... je me rappelle... Un bon petit garçonnet, ce Tistet Védène... Et maintenant qu'est-ce qu'il veut de nous ?

— Oh! peu de chose, grand Saint-Père... Je venais vous demander... A propos, est-ce que vous l'avez toujours, votre mule ? Et elle va bien ?... Ah! tant mieux !... Je venais vous demander la place du premier moutardier qui vient de mourir.

— Premier moutardier, toi !... Mais tu es trop jeune Quel âge as-tu donc ?

— Vingt ans deux mois, illustre pontife, juste cinq ans de plus que votre mule... Ah! palme de Dieu, la brave bête!... Si vous saviez comme je l'aimais, cette mule-là..., comme je me suis langui d'elle en Italie!... Est-ce que vous ne me la laisserez pas voir?...

— Si, mon enfant, tu la verras, fit le bon pape tout ému... Et puisque tu l'aimes tant, cette brave bête, je ne veux plus que tu vives loin d'elle. Dès ce jour je t'attache à ma personne en qualité de premier moutardier... Mes cardinaux crieront, mais tant pis! j'y suis habitué... Viens nous trouver demain, à la sortie de vêpres, nous te remettrons les insignes de ton grade en présence de notre chapitre, et puis... je te mènerai voir la mule, et tu viendras à la vigne avec nous deux... hé! hé! Allons! va... »

Si Tistet Védène était content en sortant de la grande salle, avec quelle impatience il attendit la cérémonie du lendemain, je n'ai pas besoin de vous le dire. Pourtant il y avait dans le palais quelqu'un de plus heureux encore et de plus impatient que lui : c'était la mule. Depuis le retour de Védène jusqu'aux vêpres du jour suivant, la terrible bête ne cessa de se bourrer d'avoine et de tirer au mur avec ses sabots de derrière. Elle aussi se préparait pour la cérémonie...

Et donc, le lendemain, lorsque vêpres furent dites, Tistet Védène fit son entrée dans la cour du palais papal. Tout le haut clergé était là, les cardinaux en robes rouges, l'avocat du diable en velours noir, les abbés de couvent avec leurs petites mitres, les marguilliers de Saint-Agricol, les camails violets de la maîtrise, le bas clergé aussi, les soldats du pape en grand uniforme, les trois confréries de pénitents, les ermites du mont Ventoux avec leurs mines farouches et le petit clerc qui va derrière en portant la clochette, les frères flagellants, nus jusqu'à la ceinture, les sacristains fleuris en robes de juges, tous, tous, jusqu'aux donneurs d'eau bénite,

et celui qui allume, et celui qui éteint :
il n'y en avait pas un qui manquât...
Ah ! c'était une belle ordination ! Des
cloches, des pétards, du soleil, de la
musique, et toujours ces enragés tambourins qui menaient la danse, là-bas,
sur le pont d'Avignon.

Quand Védène parut au milieu de
l'assemblée, sa prestance et sa belle
mine y firent courir un murmure d'admiration. C'était un magnifique Provençal, mais des blonds, avec de grands
cheveux frisés au bout et une petite
barbe follette qui semblait prise aux copeaux de fin métal tombés du burin de
son père, le sculpteur d'or. Le bruit
courait que dans cette barbe blonde les
doigts de la reine Jeanne avaient quelquefois joué ; et le sire de Védène avait
bien, en effet, l'air glorieux et le regard
distrait des hommes que les reines ont
aimés. Ce jour-là, pour faire honneur
à sa nation, il avait remplacé ses vêtements napolitains par une jaquette bor-

dée de rose à la Provençale, et sur son chaperon tremblait une grande plume d'ibis de Camargue.

Sitôt entré, le premier moutardier salua d'un air galant, et se dirigea vers le haut perron, où le pape l'attendait pour lui remettre les insignes de son grade : la cuiller de buis jaune et l'habit de safran. La mule était au bas de l'escalier, toute harnachée et prête à partir pour la vigne... Quand il passa près d'elle, Tistet Védène eut un bon sourire et s'arrêta pour lui donner deux ou trois petites tapes amicales sur le dos, en regardant du coin de l'œil si le pape le voyait. La position était bonne. La mule prit son élan. « Tiens ! attrape, bandit ! Voilà sept ans que je te le garde ! » Et elle vous lui détacha un coup de sabot si terrible, si terrible, que de Pampelune même on en vit la fumée, un tourbillon de fumée blonde où voltigeait une plume d'ibis, tout ce qui restait de l'infortuné Tistet Védène.

Les coups de pied de mules ne sont pas aussi foudroyants d'ordinaire; mais celle-ci était une mule papale; et puis, pensez donc! elle le lui gardait depuis sept ans. Il n'y a pas de plus bel exemple de rancune ecclésiastique.

V

UN TENEUR DE LIVRES

« Brr... quel brouillard!... » dit le bonhomme en mettant le pied dans la rue. Vite il retrousse son collet, ferme son cache-nez sur sa bouche, et, la tête baissée, les mains dans ses poches de derrière, il part pour le bureau en sifflotant.

Un vrai brouillard, en effet. Dans les rues, ce n'est rien encore ; au cœur des grandes villes le brouillard ne tient pas plus que la neige. Les toits le déchirent, les murs l'absorbent; il se perd dans les maisons à mesure qu'on les ouvre, fait les escaliers glissants, les rampes humides. Le mouvement des voitures, le va-et-vient des passants, ces passants du matin, si pressés et si pauvres, le hache, l'emporte, le disperse. Il s'accroche aux vêtements de bureau, étriqués et minces, aux waterproofs des fillettes de magasin, aux petits voiles flasques, aux grands cartons de toile cirée. Mais sur les quais encore déserts, sur les ponts, la berge, la rivière, c'est une brume lourde, opaque, immobile, où le soleil monte, là-haut, derrière Notre-Dame, avec des lueurs de veilleuse dans un verre dépoli.

Malgré le vent, malgré la brume, l'homme en question suit les quais, pour aller à son bureau. Il pourrait prendre un autre chemin, mais la rivière paraît avoir un attrait mystérieux pour lui. C'est son plaisir de s'en aller le long des parapets, de frôler ces rampes de pierre usées aux coudes des flâneurs. A cette heure, et par le temps qu'il fait, les flâneurs sont rares. Pourtant, de loin en loin, on rencontre une femme chargée de linge qui se repose contre le parapet, ou quelque pauvre diable accoudé, penché vers l'eau d'un air d'ennui. Chaque fois l'homme se retourne, les regarde curieusement et l'eau après eux, comme si une pensée intime mêlait dans son esprit ces gens à la rivière.

Elle n'est pas gaie, ce matin, la rivière. Ce brouillard qui monte entre les vagues semble l'alourdir. Les toits sombres des rives, tous ces tuyaux de cheminées inégaux et penchés qui se reflètent, se croisent et fument au milieu de l'eau, font penser à je ne sais quelle lugubre usine qui, du fond de la Seine, enverrait à Paris toute sa fumée en brouillard. Notre homme, lui, n'a pas l'air de trouver cela si triste. L'humidité le pénètre de partout, ses vêtements n'ont pas un fil de sec; mais il s'en va tout de même en sifflotant avec un sourire heureux au coin des lèvres. Il y a si longtemps qu'il est fait aux brumes de la Seine! Puis il sait que là-bas, en arrivant, il va trouver une bonne chancelière bien fourrée, son poêle qui ronfle en l'attendant, et la petite plaque chaude où il fait son déjeuner tous les matins. Ce sont là de ces bonheurs d'employé, de ces joies de prison que connaissent seulement ces pauvres êtres rapetissés dont toute la vie tient dans une encoignure.

— « Il ne faut pas que j'oublie d'acheter des pommes, » se dit-il de temps en temps, et il siffle, et il se dépêche. Vous n'avez jamais vu quelqu'un aller à son travail aussi gaiement.

Les quais, toujours les quais, puis un pont. Maintenant le voilà derrière Notre-Dame. A cette pointe de l'île, le brouillard est plus intense que jamais. Il vient de trois côtés à la fois, noie à moitié les hautes tours, s'amasse à l'angle du pont, comme s'il voulait cacher quelque chose. L'homme s'arrête ; c'est là.

On distingue confusément des ombres

sinistres, des gens accroupis sur le trottoir qui ont l'air d'attendre, et, comme aux grilles des hospices et des squares, des éventaires étalés, avec des rangées de biscuits, d'oranges, de pommes. Oh ! les belles pommes si fraîches, si rouges sous la buée. Il en remplit ses poches, en souriant à la marchande qui grelotte, les pieds sur sa chaufferette ; ensuite il pousse une porte dans le brouillard, traverse une petite cour où stationne une charrette attelée.

« Est-ce qu'il y a quelque chose pour nous? » demande-t-il en passant. Un charretier, tout ruisselant, lui répond :

« Oui, monsieur, et même quelque chose de gentil. »

Alors il entre vite dans son bureau.

C'est là qu'il fait chaud, et qu'on est bien. Le poêle ronfle dans un coin. La chancelière est à sa place. Son petit fauteuil l'attend, bien au jour, près de la fenêtre. Le brouillard en rideau sur les vitres fait une lumière unie et douce, et les grands livres à dos vert s'alignent sur leurs casiers. Un vrai cabinet de notaire.

L'homme respire; il est chez lui.

Avant de se mettre à l'ouvrage, il ouvre une grande armoire, en tire des manches de lustrine qu'il passe soigneusement, un petit plat de terre rouge, des morceaux de sucre qui viennent du café, et il commence à peler ses pommes, en regardant autour de lui avec satisfaction. Le fait est qu'on ne peut pas trouver un bureau plus gai, plus clair, mieux en ordre. Ce qu'il y a de singulier, par exemple, c'est ce bruit d'eau qu'on entend de partout, qui vous entoure, vous enveloppe, comme si on était dans une chambre de bateau. En bas la Seine se heurte en grondant aux arches du pont, déchire son flot d'écume à cette pointe d'île toujours encombrée de planches, de pilotis, d'épaves. Dans la maison même, tout autour du bureau, c'est un ruissellement d'e... ...ée à pleines cruches, le fracas d'un grand lavage. Je ne sais pas pourquoi cette eau vous glace rien qu'à l'entendre. On sent qu'elle claque sur un sol dur, qu'elle rebondit sur de larges dalles, des tables de marbre qui la font paraître encore plus froide.

Qu'est-ce qu'ils ont donc tant à laver dans cette étrange maison? Quelle tache ineffaçable?

Par moments, quand ce ruissellement s'arrête, là-bas, au fond, ce sont des gouttes qui tombent une à une, comme après un dégel ou une grande pluie. On dirait que le brouillard, amassé sur les toits, sur les murs, se fond à la chaleur du poêle et dégoutte continuellement.

L'homme n'y prend pas garde. Il est tout entier à ses pommes qui commencent à chanter dans le plat rouge avec un petit parfum de caramel, et cette jolie chanson l'empêche d'entendre le bruit d'eau, le sinistre bruit d'eau...

— « Quand vous voudrez, greffier?...»

dit une voix enrouée dans la pièce du fond. Il jette un regard sur ses pommes, et s'en va bien à regret. Où va-t-il? Par la porte entr'ouverte une minute, il vient un air fade et froid qui sent les roseaux, le marécage, et comme une vision de hardes en train de sécher sur des cordes, des blouses fanées, des bourgerons, une robe d'indienne pendue tout de son long par les manches, et qui s'égoutte, qui s'égoutte.

C'est fini. Le voilà qui rentre. Il dépose sur sa table de menus objets tout trempés, et revient frileusement vers le poêle dégourdir ses mains rouges de froid.

— « Il faut être enragé vraiment, par ce temps-là, se dit-il en frissonnant; qu'est-ce qu'elles ont donc toutes ? »

Et comme il est bien réchauffé, et que son sucre commence à faire la perle aux bords du plat, il se met à déjeuner sur un coin de son bureau. Tout en mangeant, il a ouvert un de ses registres, et le feuillette avec complaisance. Il est si bien tenu, ce grand livre! Des lignes droites, des en-tête à l'encre bleue, des petits reflets de poudre d'or, des buvards à chaque page, un soin, un ordre...

Il paraît que les affaires vont bien. Le brave homme a l'air satisfait d'un comptable en face d'un bon inventaire de fin d'année. Pendant qu'il se délecte à tourner les pages de son livre, les portes s'ouvrent dans la salle à côté, les pas d'une foule sonnent sur les dalles; on parle à demi-voix comme dans une église.

— « Oh! qu'elle est jeune!... Quel dommage! »

Et l'on se pousse et l'on chuchote...

Qu'est-ce que cela peut lui faire, à lui, qu'elle soit jeune? Tranquillement, en achevant ses pommes, il attire devant lui les objets qu'il a apportés tout à l'heure. Un dé plein de sable, un porte-monnaie avec un sou dedans, de petits ciseaux rouillés, si rouillés qu'on ne

pourra plus jamais s'en servir, — oh!
plus jamais, — un livret d'ouvrière dont
les pages sont collées entre elles, une
lettre en loques, effacée, où l'on peut
lire quelque mots : « *L'enfant... pas
d'arg... mois de nourrice...* »

Le teneur de livre hausse les épaules
avec l'air de dire :

« Je connais ça... »

Puis il reprend sa plume, souffle soigneusement les mies de pain tombées
sur son grand livre, fait un geste pour
bien poser sa main, et de sa plus belle
ronde il écrit le nom qu'il vient de dé-
chiffrer sur le papier mouillé :

*Félicie Rameau, brunisseuse, dix-sept
ans.*

VI

LES ÉTOILES

RÉCIT D'UN BERGER PROVENÇAL

Du temps que je gardais les bêtes sur le Luberon, je restais des semaines entières sans voir âme qui vive, seul dans le pâturage avec mon chien Labri et mes ouailles. De temps en temps l'ermite du Mont-de-l'Ure passait par là pour chercher des simples, ou bien j'apercevais la face noire de quelque charbonnier du Piémont ; mais c'étaient des gens naïfs, silencieux à force de solitude, ayant perdu le goût de parler et ne sachant rien de ce qui se disait en bas dans les villages et les villes. Aussi, tous les quinze jours, lorsque j'entendais, sur le chemin qui monte, les sonnailles du mulet de notre ferme m'apportant les provisions de quinzaine, et que je voyais apparaître peu à peu au-dessus de la côte la tête éveillée du petit *miarro* (garçon de ferme), ou la coiffe rousse de la vieille tante Norade, j'étais vraiment bien heureux. Je me faisais raconter les nouvelles du pays d'en bas, les baptêmes, les mariages; mais ce qui m'intéressait surtout, c'était de savoir ce que devenait la fille de mes maîtres, notre demoiselle Stéphanette, la plus jolie qu'il y eût à dix lieues à la ronde. Sans avoir l'air d'y prendre trop d'intérêt, je m'informais si elle allait beaucoup aux fêtes, aux veillées, s'il lui venait toujours de nouveaux galants; et à ceux qui me demanderont ce que ces choses-là pouvaient me faire, à moi pauvre berger de la montagne, je répondrai que j'avais vingt ans et que cette Stéphanette était ce que j'avais vu de plus beau dans ma vie.

Or, un dimanche que j'attendais les vivres de quinzaine, il se trouva qu'ils n'arrivèrent que très-tard. Le matin je me disais : « C'est la faute de la grand' messe »; puis, vers midi, il vint un gros orage, et je pensai que la mule n'avait pas pu se mettre en route à cause du mauvais état des chemins. Enfin, sur les trois heures, le ciel étant lavé, la montagne luisante d'eau et de soleil, j'entendis parmi l'égouttement des feuilles et le débordement des ruisseaux gonflés les sonnailles de la mule, aussi gaies, aussi alertes qu'un grand carillon de cloches un jour de Pâques. Mais ce n'était pas le petit *miarro*, ni la vieille Norade qui la conduisait. C'était... devinez qui... notre demoiselle, mes enfants ! notre demoiselle en personne, assise droite entre les sacs d'osier, toute rose de l'air des montagnes et du rafraîchissement de l'orage.

Le petit était malade ; tante Norade en vacances chez ses enfants. La belle Stéphanette m'apprit tout ça, en descendant de sa mule, et aussi qu'elle arrivait tard parce qu'elle s'était perdue en route ; mais à la voir si bien endimanchée, avec son ruban à fleurs, sa jupe brillante et ses dentelles, elle avait plutôt l'air de s'être attardée à quelque danse que d'avoir cherché son chemin dans les buissons. O la mignonne créature ! Mes yeux ne pouvaient pas se lasser de la regarder. Il est vrai que je ne l'avais jamais vue de si près. Quelquefois l'hiver, quand les troupeaux étaient descendus dans la plaine et que je rentrais le soir à la ferme pour souper, elle traversait la salle vivement, sans guère parler aux serviteurs, toujours parée et un peu fière. Maintenant je l'avais là devant moi, rien que pour moi ; n'était-ce pas à en perdre la tête ?

Quand elle eut tiré les provisions du

panier, Stéphanette se mit à regarder curieusement autour d'elle. Relevant un peu sa belle jupe du dimanche qui aurait pu s'abîmer, elle entra dans le *parc*, voulut voir le coin où je couchais, la crèche de paille, avec la peau de mouton, ma grande cape accrochée au mur, ma crosse, mon fusil à pierre. Tout cela l'amusait. — « Alors c'est ici que tu vis, mon pauvre berger? Comme tu dois t'ennuyer d'être toujours seul. Qu'est-ce que tu fais? A quoi penses-tu?... » J'avais envie de répondre : « A vous, maîtresse, » et je n'aurais pas menti ; mais mon trouble était si grand que je ne pouvais pas seulement trouver une parole. Je crois bien qu'elle s'en apercevait, et que la méchante prenait plaisir à redoubler mon embarras avec ses malices. — « Et ta bonne amie, berger, est-ce qu'elle monte te voir quelquefois? Ça doit être bien sûr la chèvre d'or, ou cette fée Estérelle qui ne court qu'à la pointe des montagnes... » Et elle-même,

LES ÉTOILES.

en me parlant, avait bien l'air de la fée Estérelle, avec le joli rire de sa tête renversée et sa hâte de s'en aller qui faisait de sa visite une apparition. —
« Adieu, berger.

— Salut, maîtresse. » Et la voilà partie, emportant ses corbeilles vides.

Lorsqu'elle disparut dans le sentier en pente, il me semblait que les cailloux, roulant sous les sabots de la mule, me tombaient un à un sur le cœur. Je les entendis longtemps, longtemps ; et jusqu'à la fin du jour, je restai comme ensommeillé, n'osant bouger, de peur de faire s'en aller mon rêve. Vers le soir, comme le fond des vallées commençait à devenir bleu et que les bêtes se serraient en bêlant l'une contre l'autre pour rentrer au *parc*, j'entendis qu'on m'appelait dans la descente, et je vis paraître notre demoiselle, non plus rieuse ainsi que tout à l'heure, mais tremblante de froid, de peur, de mouillure. Il paraît qu'au bas de la côte, elle avait trouvé la Sorgue grossie par la pluie d'orage, et qu'en voulant passer à toute force, elle avait risqué de se noyer. Le terrible, c'est qu'à cette heure de nuit, il ne fallait plus songer à retourner à la ferme ; car le chemin par la traverse, notre demoiselle n'aurait jamais su s'y retrouver toute seule, et moi je ne pouvais pas quitter le troupeau. Cette idée de passer la nuit sur la montagne la tourmentait beaucoup, surtout à cause de l'inquiétude des siens. Moi, je la rassurai de mon mieux : « En juillet, les nuits sont courtes, maîtresse... Ce n'est qu'un mauvais moment. » Et j'allumai vite un grand feu pour sécher ses pieds et sa robe toute trempée de l'eau de la Sorgue. Ensuite j'apportai devant elle du lait, des fromageons ; mais la pauvre petite ne songeait ni à se chauffer ni à manger, et de voir les grosses larmes qui montaient dans ses yeux, j'avais envie de pleurer, moi aussi.

Cependant la nuit était venue tout à fait. Il ne restait plus sur la crête des montagnes qu'une poussière de soleil, une vapeur de lumière du côté du couchant. Je voulus que notre demoiselle entrât se reposer dans le *parc*. Ayant étendu sur la paille fraîche une belle peau toute neuve, je lui souhaitai la bonne nuit, et j'allai m'asseoir dehors devant la porte... Dieu m'est témoin que, malgré le feu d'amour qui me brûlait le sang, aucune mauvaise pensée ne me vint; rien qu'une grande fierté de songer que dans un coin du *parc*, tout près du troupeau curieux qui la regardait dormir, la fille de mes maîtres, — comme une brebis plus précieuse et plus blanche que toutes les autres, — reposait, confiée à ma garde. Jamais le ciel ne m'avait paru si profond, les étoiles si brillantes... Tout à coup, la claire-voie du *parc* s'ouvrit et la belle Stéphanette parut. Elle ne pouvait pas dormir. Les bêtes faisaient crier la paille en remuant, ou bêlaient dans leurs rêves. Elle aimait mieux venir près du feu. Voyant cela, je lui jetai ma peau de bique sur les épaules, j'activai la flamme, et nous restâmes assis l'un près de l'autre sans parler. Si vous avez jamais passé la nuit à la belle étoile, vous savez qu'à l'heure où nous dormons, un monde mystérieux s'éveille dans la solitude et le silence. Alors les sources chantent bien plus clair, les étangs allument des petites flammes. Tous les esprits de la montagne vont et viennent librement; et il y a dans l'air des frôlements, des bruits imperceptibles, comme si l'on entendait les branches grandir, l'herbe pousser. Le jour, c'est la vie des êtres; mais la nuit, c'est la vie des choses. Quand on n'en a pas l'habitude, ça fait peur... Aussi notre demoiselle était toute frissonnante et se serrait contre moi au moindre bruit. Une fois, un cri long, mélancolique, parti de l'étang qui luisait plus bas, monta vers nous en ondulant. Au même instant une belle étoile filante glissa par-dessus nos têtes dans la même direction comme si cette plainte que nous venions d'entendre portait une lumière avec elle.

— « Qu'est-ce que c'est ? » me demanda Stéphanette à voix basse.

— « Une âme qui entre en paradis, maîtresse ; » et je fis le signe de la croix. Elle se signa aussi, et resta un moment la tête en l'air, très-recueillie. Puis elle me dit : « C'est donc vrai, berger, que vous êtes sorciers, vous autres ?

— « Nullement, notre demoiselle. Mais ici nous vivons plus près des étoiles, et nous savons ce qui s'y passe mieux que les gens de la plaine. »

Elle regardait toujours en haut, la tête appuyée dans la main, entourée de la peau de mouton comme un petit pâtre céleste : « Qu'il y en a ! Que c'est beau ! Jamais je n'en avais tant vu... Est-ce que tu sais leur nom, berger ?

— « Mais oui, maîtresse... Tenez !

juste au-dessus de nous, voilà le *Chemin de Saint-Jacques*. Il va de France droit sur l'Espagne. C'est saint Jacques de Galice qui l'a tracé pour montrer sa route au brave Charlemagne lorsqu'il faisait la guerre aux Sarrasins *. Plus loin, vous avez le *Char des âmes* avec ses quatre essieux resplendissants. Les trois étoiles qui vont devant sont les trois *bêtes*, et cette toute petite contre la troisième c'est le *charretier*. Voyez-vous tout autour cette pluie d'étoiles qui tombent? Ce sont les âmes que le bon Dieu ne veut pas chez lui... Un peu plus bas, voici le *râteau* ou les *trois rois*. C'est ce qui nous sert d'horloge, à nous autres. Rien qu'en les regardant, je sais maintenant qu'il est minuit passé. Un peu plus bas, toujours vers le midi, brille *Jean de Milan*, le flambeau des astres. Sur cette étoile-là, voici ce que

* Tous ces détails d'astronomie populaire sont traduits de l'*Almanach provençal* qui se publie en Avignon.

les bergers racontent. Il paraît qu'une nuit *Jean de Milan*, avec les *trois rois* et la *Poucinière*, furent invités à la noce d'une étoile de leurs amies. La *Poucinière*, plus pressée, partit, dit-on, la première, et prit le chemin haut. Regardez-la là-haut, tout au fond du ciel. Les *trois rois* coupèrent plus bas et la rattrapèrent ; mais ce paresseux de *Jean de Milan*, qui avait dormi trop tard, resta tout à fait derrière, et furieux, pour les arrêter, leur jeta son bâton. C'est pourquoi les *trois rois* s'appellent aussi le *bâton de Jean de Milan*... Mais la plus belle de toutes les étoiles, maîtresse, c'est la nôtre, c'est l'*Étoile du berger*, qui nous éclaire à l'aube quand nous sortons le troupeau et aussi le soir quand nous le rentrons. Nous la nommons encore *Maguelonne*, la belle Maguelonne qui court après *Pierre de Provence* et se marie avec lui tous les sept ans.

— « Comment ! berger, il y a donc des mariages d'étoiles ?

— « Mais oui, maîtresse... »

Et comme j'essayais de lui expliquer ce que c'était que ces mariages, je sentis quelque chose de frais et de fin peser légèrement sur mon épaule. C'était sa tête alourdie de sommeil qui s'appuyait contre moi avec un joli froissement de rubans, de dentelles et de cheveux ondés. Elle resta ainsi sans bouger jusqu'au moment où les astres du ciel pâlirent, effacés par le jour qui montait. Moi, je la regardais dormir, un peu troublé au fond de mon être, mais saintement protégé par cette claire nuit qui ne m'a jamais donné que de belles pensées. Autour de nous, les étoiles continuaient leur marche silencieuse, dociles comme un grand troupeau; et par moment je me figurais qu'une de ces étoiles, la plus fine, la plus brillante, ayant perdu sa route, était venue se poser sur mon épaule pour dormir...

VII

LE SINGE

Samedi, soir de paye. Dans cette fin de journée, qui est en même temps une fin de semaine, on sent déjà le dimanche arriver. Tout le long du faubourg, ce sont des cris, des appels, des poussées à la porte des cabarets. Parmi cette foule d'ouvriers qui déborde du trottoir et suit la grande chaussée en pente, une petite ombre se hâte furtivement, remontant le faubourg en sens inverse. Serrée dans un châle trop mince, sa petite figure hâve encadrée d'un bonnet trop grand, elle a l'air honteux, misérable, et si inquiet ! Où va-t-elle ? Qu'est-ce qu'elle cherche ?... Dans sa démarche pressée, dans son regard fixe qui semble la faire aller plus vite encore, il y a cette phrase anxieuse : « Pourvu que j'arrive à temps...! » Sur sa route on se retourne, on ricane. Tous ces ouvriers la connaissent, et, en passant, accueillent sa laideur d'un affreux surnom : « Tiens, le singe... Le singe à Valentin qui va chercher son homme. » Et ils l'excitent : « Kss... kss... Trouvera, trouvera pas... » Sans rien entendre, elle va, elle va, oppressée, haletante, car cette rue qui mène aux barrières est bien dure à monter.

Enfin la voilà arrivée. C'est tout en haut du faubourg, au coin des boulevards extérieurs. Une grande usine... On est en train de fermer les portes. La vapeur des machines, abandonnée au ruisseau, siffle et s'échappe avec un bruit de locomotive à l'arrêt. Un peu de fumée monte encore des hautes cheminées, et l'atmosphère chaude, qui flotte au-dessus des bâtiments déserts, semble la respiration, l'haleine même du travail qui vient de finir. Tout est éteint. Une seule petite lumière brille encore au rez-de-chaussée, derrière un grillage, c'est la lampe du caissier. Voici qu'elle disparaît, juste au moment où la femme arrive. Allons ! C'est trop tard. La paye est finie... Comment va-t-elle faire maintenant? Où le trouver pour lui arracher sa semaine, l'empêcher de la boire?... On a tant besoin d'argent à la maison ! Les enfants n'ont plus de bas. Le boulanger n'est pas payé... Elle reste affaissée sur une borne, regardant vaguement dans la nuit, n'ayant plus la force de bouger.

Les cabarets du faubourg débordent de bruit et de lumière. Toute la vie des fabriques silencieuses s'est répandue dans les bouges. A travers les vitres troubles où les bouteilles rangées mêlent leurs couleurs fausses, le vert vénéneux des absinthes, le rose des bitters, les paillettes d'or des eaux-de-vie de Dantzick, des cris, des chants, des chocs de verre viennent jusque dans la rue avec le tintement de l'argent jeté au comptoir par des mains noires encore de l'avoir gagné. Les bras lassés s'accoudent sur les tables, immobilisés par l'abrutissement de la fatigue ; et, dans la chaleur malsaine de l'endroit, tous ces misérables oublient qu'il n'y a pas de feu au logis, et que les femmes et les enfants ont froid.

Devant ces fenêtres basses, seules allumées dans les rues désertes, une petite ombre passe et repasse craintivement...Cherche, cherche, pauvre singe !.. Elle va d'un cabaret à l'autre, se penche, essuie un coin de vitre avec son châle, regarde, puis repart, toujours inquiète, fiévreuse. Tout à coup, elle tressaille. Son Valentin est là, en face d'elle. Un grand diable bien découplé dans sa blouse blanche, fier de ses cheveux frisés et de sa tournure d'ouvrier beau garçon. On l'entoure, on l'écoute. Il parle si bien, et puis c'est lui qui paye!... Pendant ce temps le pauvre singe est là dehors qui grelotte, collant sa figure aux carreaux où dans un grand rayon de gaz la table de son ivrogne se reflète, chargée de bouteilles et de verres, avec les faces égayées qui l'entourent.

Dans la vitre, la femme a l'air d'être assise au milieu d'eux, comme un reproche, un remords vivant. Mais Valentin ne la voit pas. Pris, perdu dans ces interminables discussions de cabaret, renouvelées à chaque verre et pernicieuses pour la raison presque autant que ces vins frelatés, il ne voit pas cette petite mine tirée, pâle, qui lui fait signe derrière les carreaux, ces yeux tristes qui cherchent les siens. Elle, de son côté, n'ose pas entrer. Venir le chercher là devant les camarades, ce serait lui faire affront. Encore si elle était jolie, mais elle est si laide!

Ah ! comme elle était fraîche et gentille, quand ils se sont connus, il y a dix ans ! Tous les matins, lorsqu'il partait à son travail, il la rencontrait allant au sien, pauvre, mais parant honnêtement sa misère, coquette à la façon de cet étrange Paris où l'on vend des rubans et des fleurs sous les voûtes noires des portes cochères. Ils se sont aimés tout de suite en croisant leurs regards ; mais, comme ils n'avaient pas d'argent, il leur a fallu attendre bien longtemps avant de se marier. Enfin la mère du garçon a donné un matelas de son lit, la mère de la fille en a fait autant ; et puis, comme la petite était très-aimée, il y a eu une collecte à l'atelier et leur ménage s'est trouvé monté.

La robe de noce prêtée par une amie, le voile loué chez un coiffeur, ils sont partis un matin, à pied, par les rues, pour se marier. A l'église il fallut attendre la fin des messes d'enterrement, attendre aussi à la mairie pour laisser

passer les mariages riches. Alors il l'a
emmenée en haut du faubourg, dans
une chambre carrelée et triste, au fond
d'un long couloir plein d'autres chambres bruyantes, sales, querelleuses.
C'était à dégoûter d'avance du ménage !
Aussi leur bonheur n'a pas duré longtemps. A force de vivre avec des ivro-
gnes, lui s'est mis à boire comme eux.
Elle, en voyant pleurer les femmes, a
perdu tout son courage ; et, pendant qu'il
était au cabaret, elle passait tout son
temps chez les voisines, apathique, hu-
miliée, berçant d'interminables plaintes
l'enfant qu'elle tenait sur ses bras. C'est
comme cela qu'elle est devenue si laide,
et que cet affreux surnom de « singe »
lui a été donné dans les ateliers.

La petite ombre est toujours là, qui
va et vient devant les vitres. On l'entend marcher lentement dans la boue
du trottoir, et tousser d'une grosse toux
creuse, car la soirée est pluvieuse et

froide. Combien de temps va-t-elle attendre? Deux ou trois fois déjà elle a posé la main sur le bouton de la porte, mais sans oser jamais ouvrir. A la fin, pourtant, l'idée que les enfants n'ont rien pour manger lui tient lieu de courage. Elle entre. Mais, à peine le seuil franchi, un immense éclat de rire l'arrête court. « Valentin, v'là le singe!... » Elle est bien laide, en effet, avec ses loques qui ruissellent de pluie, toutes les pâleurs de l'attente et de la fatigue sur les joues.

« Valentin, v'là le singe! » Tremblante, interdite, la pauvre femme reste sans bouger. Lui, s'est levé, furieux. Comment! elle a osé venir le chercher là, l'humilier devant les camarades?... Attends, attends... tu vas voir!... Et terrible, le poing fermé, Valentin s'élance. La malheureuse se sauve en courant, au milieu des huées. Il franchit la porte derrière elle, fait deux bonds et la rattrape au tournant de la rue.... Tout est noir, personne ne passe. Ah! pauvre singe!...

Eh bien! non. Loin des camarades, l'ouvrier parisien n'est pas méchant. Une fois en face d'elle, le voilà faible, soumis, presque repentant. Maintenant ils s'en vont tous deux bras dessus bras dessous, et, pendant qu'ils s'éloignent, c'est la voix de la femme qu'on entend s'élever dans la nuit, furieuse, plaintive, enrouée de larmes. Le singe prend sa revanche.

VIII

LES DEUX AUBERGES[*].

C'était en revenant de Nîmes, une après-midi de juillet. Il faisait une chaleur accablante. A perte de vue, la route blanche, embrasée, poudroyait entre des jardins d'oliviers et de petits chênes, sous un grand soleil d'argent mat qui remplissait tout le ciel. Pas une tache d'ombre, pas un souffle de vent. Rien que la vibration de l'air chaud et le cri strident des cigales, musique folle, assourdissante, à temps pressés, qui semble la sonorité même de cette immense vibration lumineuse... Je mar-

[*] Lettres de mon moulin.

chais en plein désert depuis deux heures, quand tout à coup, devant moi, un groupe de maisons blanches se dégagea de la poussière de la route. C'était ce qu'on appelle le relais de Saint-Vincent : cinq ou six *mas*, de longues granges à toiture rouge, un abreuvoir sans eau dans un bouquet de figuiers maigres, et tout au bout du pays deux grandes auberges qui se regardent face à face de chaque côté du chemin.

Le voisinage de ces auberges avait quelque chose de saisissant. D'un côté, un grand bâtiment neuf, plein de vie, d'animation, toutes les portes ouvertes, la diligence arrêtée devant, les chevaux fumant qu'on dételait, les voyageurs descendus buvant à la hâte sur la route dans l'ombre courte des murs; la cour encombrée de mulets, de charrettes; des rouliers couchés sous les hangars en attendant *la fraîche*. A l'intérieur, des cris, des jurons, des coups de poing sur les tables, le choc des verres, le fracas des billards, les bouchons de limonade qui sautaient, et, dominant tout ce tumulte, une voix joyeuse, éclatante, qui chantait à faire trembler les vitres :

> La belle Margoton
> Tant matin s'est levée,
> A pris son broc d'argent,
> A l'eau s'en est allée...

L'auberge d'en face, au contraire, était silencieuse et comme abandonnée. De l'herbe sous le portail, des volets cassés, sur la porte un rameau de petit houx tout rouillé qui pendait comme un vieux panache, les marches du seuil calées avec des pierres de la route... Tout cela si pauvre, si pitoyable, que c'était une charité vraiment de s'arrêter là pour boire un coup.

En entrant, je trouvai une longue salle déserte et morne que le jour éblouissant de trois grandes fenêtres sans rideaux faisait plus morne et plus déserte encore. Quelques tables boiteuses où traînaient des verres ternis par la poussière, un billard crevé qui tendait ses quatre blouses comme des sébiles, un divan jaune, un vieux comptoir, dormaient là dans une chaleur malsaine et lourde. Et des mouches ! des mouches ! jamais je n'en avais tant vu : sur le plafond, collées aux vitres, dans les verres, par grappes... Quand j'ouvris la porte, ce fut un bourdonnement, un frémissement d'ailes comme si j'entrais dans une ruche.

Au fond de la salle, dans l'embrasure d'une croisée, il y avait une femme debout contre la vitre, très-occupée à regarder dehors. Je l'appelai deux fois: « Eh ! l'hôtesse ! » Elle se retourna lentement, et me laissa voir une pauvre figure de paysanne, ridée, crevassée, couleur de terre, encadrée dans de longues barbes de dentelle rousse comme en portent les vieilles de chez nous. Pourtant ce n'était pas une vieille femme; mais les larmes l'avaient toute fanée.

« Qu'est-ce que vous voulez ? me demanda-t-elle en essuyant ses yeux.

— M'asseoir un moment et boire quelque chose... »

Elle me regarda très-étonnée, sans bouger de place, comme si elle ne comprenait pas.

« Ce n'est donc pas une auberge ici ? »

La femme soupira : « Si... c'est une auberge, si vous voulez... Mais pourquoi n'allez-vous pas en face comme les autres ? c'est bien plus gai...

— C'est trop gai pour moi... J'aime mieux rester chez vous. » Et, sans attendre sa réponse, je m'installai devant une table.

Quand elle fut bien sûre que je parlais sérieusement, l'hôtesse se mit à aller et venir d'un air très-affairé, ouvrant des tiroirs, remuant des bouteilles, essuyant les verres, dérangeant les mouches... On sentait que ce voyageur à servir était tout un événement. Par moment la malheureuse s'arrêtait et se prenait la tête, comme si elle désespérait d'en venir à bout.

Puis elle passait dans la pièce du fond; je l'entendais remuer de grosses clés, tourmenter des serrures, fouiller dans la huche au pain, souffler, épousseter, laver des assiettes. De temps en temps un gros soupir, un sanglot mal étouffé.

Après un quart d'heure de ce manége, j'eus devant moi une assiettée de *passerilles* (raisins secs), un vieux pain de Beaucaire aussi dur que du grès, et une bouteille de piquette. « Vous êtes servi, » dit l'étrange créature, et elle retourna bien vite prendre sa place devant la fenêtre.

Tout en buvant, j'essayai de la faire causer : « Il ne vous vient pas souvent du monde, n'est-ce pas, ma pauvre femme ?

— Oh ! non. monsieur, jamais personne… Quand **nous étions** seuls dans le pays, c'était différent, nous avions le relais, des repas de chasse pendant le temps des macreuses, des voituriers toute l'année… mais depuis que les voisins sont venus s'établir, nous avons tout perdu… Le monde aime mieux aller en face. Chez nous, on trouve que c'est trop triste… Le fait est que la maison n'est pas bien agréable. Je ne suis pas belle, j'ai les fièvres, mes deux petites sont mortes… Là-bas, au contraire, on rit tout le temps. C'est une Arlésienne qui tient l'auberge, une belle femme avec des dentelles et trois tours de chaîne d'or au cou. Le conducteur, qui est son amant, lui amène la diligence. Avec ça un tas d'enjôleuses pour chambrières… Aussi, il lui en vient de la pratique. Elle a toute la jeunesse de Bezouces, de Redessan, de Jonquières. Les rouliers font un détour pour passer par chez elle… Moi je reste ici tout le jour, sans personne, à me consumer. »

Elle disait cela d'une voix distraite, indifférente, le front toujours appuyé contre la vitre. Il y avait évidemment dans l'auberge d'en face quelque chose qui la préoccupait.

Tout à coup, de l'autre côté de la route, il se fit un grand mouvement. La diligence s'ébranlait dans la poussière. On entendit des coups de fouet, les fanfares du postillon, les filles accourues sur la porte qui criaient : « Adiousias !... adiousias ! » et par là-dessus la formidable voix de tantôt reprenant de plus belle :

> A pris son broc d'argent,
> A l'eau s'en est alléé ;
> De là n'a vu venir
> Trois chevaliers d'armée...

A cette voix, l'hôtesse frissonna de tout son corps, et, se tournant vers moi : « Entendez-vous ? me dit-elle tout bas, c'est mon mari... N'est-ce pas qu'il chante bien ? »

Je la regardai, stupéfait : « Comment ? votre mari ?... Il va donc là-bas, lui aussi ? »

Alors elle, d'un air navré, mais avec une grande douceur : « Qu'est-ce que vous voulez, monsieur ? Les hommes sont comme ça, ils n'aiment pas voir pleurer ; et moi je pleure toujours depuis la mort des petites... Puis c'est si triste cette grande baraque où il n'y a jamais personne !... Alors, quand il s'ennuie trop, mon pauvre José va boire en face, et comme il a une belle voix, l'Arlésienne le fait chanter. Chut !... le voilà qui recommence. »

Et, tremblante, les mains en avant, avec de grosses larmes qui la faisaient encore plus laide, elle était là comme en extase devant la fenêtre, à écouter son José chanter pour l'Arlésienne :

Le premier lui a dit :
Bonjour, belle mignonne.

IX

AVEC TROIS CENT MILLE FRANCS...

Ne vous est-il jamais arrivé de sortir de chez vous, le pied léger et l'âme heureuse, et, après deux heures de courses dans Paris, de rentrer tout mal en train, affaissé par une tristesse sans cause, un malaise incompréhensible? Vous vous dites : « Qu'est-ce que j'ai donc ?... » Mais vous avez beau chercher, vous ne trouvez rien. Toutes vos courses ont été bonnes, le trottoir sec, le soleil chaud ; et pourtant vous vous sentez au cœur une angoisse douloureuse, comme l'impression d'un chagrin ressenti.

C'est qu'en ce grand Paris, où la foule se sent inobservée et libre, on ne peut faire un pas sans se heurter à quelque détresse envahissante qui vous éclabousse et vous laisse sa marque en passant. Je ne parle pas seulement des infortunes qu'on connaît, auxquelles on s'intéresse, de ces chagrins d'ami qui sont un peu les nôtres et dont la rencontre subite vous serre le cœur comme un remords ; ni même de ces chagrins d'indifférents, qu'on n'écoute que d'une oreille, et qui vous navrent sans qu'on s'en doute. Je parle de ces douleurs tout à fait étrangères, qu'on n'entrevoit qu'au passage, en une minute, dans l'activité de la course et la confusion de la rue.

Ce sont des lambeaux de dialogues saccadés au train des voitures, des préoccupations sourdes et aveugles qui parlent toutes seules et très-haut, des épaules lasses, des gestes fous, des yeux de fièvre, des visages blêmes gonflés de larmes, des deuils récents mal essuyés aux voiles noirs. Puis des détails furtifs, et si légers! Un collet d'habit brossé, usé, qui cherche l'ombre; une serinette sans voix tournant à vide sous un porche; un ruban de velours au cou d'une bossue, cruellement noué bien droit entre les épaules contrefaites... Toutes ces visions de malheurs inconnus passent vite, et vous les oubliez en marchant, mais vous avez senti le frôlement de leur tristesse, vos vêtements se sont imprégnés de l'ennui qu'ils traînaient après eux, et à la fin de la journée vous sentez remuer tout ce qu'il y a en vous d'ému, de douloureux, parce que, sans vous en apercevoir, vous avez accroché au coin d'une rue, au seuil d'une porte, ce fil invisible qui lie toutes les infortunes et les agite à la même secousse.

Je pensais à cela l'autre matin — car c'est surtout le matin que Paris montre ses misères — en voyant marcher devant moi un pauvre diable étriqué dans un paletot trop mince qui faisait paraître ses enjambées plus longues, et exagérait férocement tous ses gestes. Courbé en deux, tourmenté comme un arbre en plein vent, cet homme s'en allait très-vite. De temps en temps, sa main plongeait dans une de ses poches de derrière, et y cassait un petit pain qu'il dévorait furtivement, comme honteux de manger dans la rue.

Les maçons me donnent appétit, quand je les vois, assis sur les trottoirs, mordre au beau mitan de leur miche fraîche. Les petits employés aussi me font envie, lorsqu'ils reviennent en courant de la boulangerie au bureau, la plume à l'oreille, la bouche pleine, tout réjouis de ce repas au grand air. Mais ici on sentait là honte de la vraie faim, et c'était pitié de voir ce malheureux n'osant manger que par miettes le pain qu'il broyait gloutonnement au fond de sa poche.

Je le suivais depuis un moment quand tout à coup, comme il arrive souvent dans ces existences déroutées, il changea brusquement de direction et d'idée, et en se retournant se trouva face à face avec moi.

— « Tiens ! vous voilà ?... » Par hasard, je le connaissais un peu. C'était un de ces brasseurs d'affaires comme il en pousse tant entre les pavés de Paris, homme à inventions, fondateur de journaux impossibles, autour duquel il s'était fait pendant un certain temps beaucoup de réclames et de bruit imprimé, et qui depuis trois mois avait disparu dans un formidable plongeon. Après un bouillonnement de quelques jours à l'endroit de sa chute, le flot s'était uni, refermé, et il n'avait plus été question de lui. En me voyant, il se troubla, et pour couper court à toute question, sans doute aussi pour détourner mon regard de sa tenue sordide et de son sou de pain, il se mit à me parler très-vite, d'un ton faussement joyeux... Ses affaires allaient bien, très-bien... Ça n'avait été qu'un temps d'arrêt. En ce moment, il tenait une affaire magnifique... Un grand journal industriel à images. Beaucoup d'argent, un traité d'annonces superbe !... Et sa figure s'animait en parlant. Sa taille se redressait. Peu à peu il prit un ton protecteur, comme s'il était déjà dans son bureau de rédaction, me demanda même des articles :

« Et vous savez, ajouta-t-il, d'un air de triomphe, c'est une affaire sûre... je commence avec trois cent mille francs que m'a promis Girardin ! »

Girardin !

C'est bien le nom qui vient toujours à la bouche de ces visionnaires. Quand on le prononce devant moi, ce nom, il me semble voir des quartiers neufs, de grandes bâtisses inachevées, des journaux tout frais imprimés, avec des listes d'actionnaires et d'administrateurs. Que de fois j'ai entendu dire, à propos de projets insensés : « Il faudra parler de ça à Girardin !... »

Et lui aussi, le pauvre diable, cette

idée lui était venue de parler de ça à
Girardin. Toute la nuit, il avait dû préparer son plan, aligner des chiffres;
puis il était sorti; et en marchant, en
s'agitant, l'affaire était devenue si belle
qu'au moment de notre rencontre il lui
paraissait impossible que Girardin lui
refusât ses trois cent mille francs. En
disant qu'on les lui avait promis, le
malheureux ne mentait pas, il ne faisait
que continuer son rêve.

Pendant qu'il me parlait, nous étions
bousculés, poussés contre le mur. C'était
sur le trottoir d'une de ces rues si agitées qui vont de la Bourse à la Banque,
pleines de gens pressés, distraits, tout
à leurs affaires, boutiquiers anxieux courant retirer leurs billets, petits boursiers
à figures basses qui se jettent des chiffres
à l'oreille en passant. Et d'entendre tous
ces beaux projets au milieu de cette
foule, dans ce quartier de spéculateurs
où l'on sent comme la hâte et la fièvre
des jeux de hasard, cela me donnait le

frisson d'une histoire de naufrage racontée en pleine mer. Je voyais réellement tout ce que cet homme me disait, ses catastrophes sur d'autres visages, et ses espoirs rayonnants dans d'autres yeux égarés. Il me quitta brusquement, comme il m'avait abordé, jeté à corps perdu dans ce tourbillon de folies, de rêves, de mensonges, ce que ces gens-là appellent d'un ton sérieux « les affaires ».

Au bout de cinq minutes, je l'avais oublié, mais le soir, rentré chez moi, quand je secouai avec la poussière des rues toutes les tristesses de la journée, je revis cette figure tourmentée et pâle, le petit pain d'un sou, et le geste qui soulignait ces paroles fastueuses : « Avec trois cent mille francs que m'a promis Girardin!... »

X

ARTHUR

Il y a quelques années, j'habitais un petit pavillon aux Champs-Élysées, dans le passage des Douze-Maisons. Figurez-vous un coin de faubourg perdu, niché au milieu de ces grandes avenues aristocratiques, si froides, si tranquilles, qu'il semble qu'on n'y passe qu'en voiture. Je ne sais quel caprice de propriétaire, quelle manie d'avare ou de vieux laissait traîner ainsi au cœur de ce beau quartier ces terrains vagues, ces petits jardins moisis, ces maisons basses, bâties de travers, avec l'escalier en dehors et des terrasses de bois pleines de linge étendu, de cages à lapins, de chats maigres, de corbeaux apprivoisés. Il y avait là des ménages d'ouvriers, de petits rentiers, quelques artistes, — on en trouve partout où il reste des arbres, — et enfin deux ou trois garnis d'aspect sordide, comme encrassés par des générations de misères. Tout autour, la splendeur et le bruit des Champs-Élysées, un roulement continu, un cliquetis de harnais et de pas fringants, les portes cochères lourdement refermées, les calèches ébranlant les porches, des pianos étouffés, les violons de Mabille, un horizon de grands hôtels muets, aux angles arrondis, avec leurs vitres nuancées par des rideaux de soie claire et leurs hautes glaces sans tain, où montent les dorures des candélabres et les fleurs rares des jardinières...

Cette ruelle noire des Douze-Maisons, éclairée seulement d'un réverbère au bout, était comme la coulisse du beau décor environnant. Tout ce qu'il y avait de paillons dans ce luxe venait se réfugier là, galons de livrées, maillots de clowns, toute une bohème de palefreniers anglais, d'écuyers du Cirque, les deux petits postillons de l'Hippodrome avec leurs poneys jumeaux et leurs affiches-réclames, la voiture aux chèvres, les guignols, les marchandes d'oublies, et puis des tribus d'aveugles qui revenaient le soir, chargés de pliants, d'accordéons, de sébiles. Un de ces aveugles se maria pendant que j'habitais le passage. Cela nous valut toute la nuit un concert fantastique de clarinettes, de hautbois, d'orgues, d'accordéons, où l'on voyait très-bien défiler tous les ponts de Paris avec leurs psalmodies différentes. A l'ordinaire cependant, le passage était assez tranquille. Ces errants de la rue ne rentraient qu'à la brune, et si las! Il n'y avait de tapage que le samedi, lorsque Arthur touchait sa paye.

C'était mon voisin, cet Arthur. Un petit mur allongé d'un treillage séparait seul mon pavillon du garni qu'il habitait avec sa femme. Aussi, bien malgré moi, sa vie se trouvait-elle mêlée à la mienne ; et tous les samedis j'entendais, sans en rien perdre, l'horrible drame si parisien qui se jouait dans ce ménage d'ouvriers. Cela commençait toujours de la même façon. La femme préparait le dîner ; les enfants tournaient autour d'elle. Elle leur parlait doucement, s'affairait. Sept heures, huit heures : personne... A mesure que le temps se passait, sa voix changeait, roulait des larmes, devenait nerveuse. Les enfants avaient faim, sommeil, commençaient à grogner. L'homme n'arrivait toujours pas. On mangeait sans lui. Puis, la marmaille couchée, le poulailler endormi, elle venait sur le balcon de bois, et je l'entendais dire tout bas en sanglotant :

« Oh ! la canaille ! la canaille ! »

Des voisins qui rentraient la trouvaient là. On la plaignait.

— « Allez donc vous coucher, madame Arthur. Vous savez bien qu'il ne rentrera pas, puisque c'est son jour de paye. »

Et des conseils, des commérages.

« A votre place, voilà comme je ferais... Pourquoi ne le dites-vous pas à son patron ? »

Tout cet apitoiement la faisait pleurer davantage ; mais elle persistait dans son espoir, dans son attente, s'y énervait, et, les portes fermées, le passage muet, se croyant bien seule, restait accoudée là, ramassée toute dans une idée fixe, se racontant à elle-même et très-haut ses tristesses avec ce laisser-aller du peuple qui a toujours une moitié de sa vie dans la rue. C'étaient des loyers en retard, les fournisseurs qui la tourmentaient, le boulanger qui refusait le pain... Comment ferait-elle s'il rentrait encore sans argent ? A la fin, la lassitude la prenait de guetter les pas attardés, de compter les heures. Elle rentrait ; mais longtemps après, quand je croyais tout fini, on toussait près de moi sur la galerie. Elle était encore là, la malheureuse, ramenée par l'inquiétude, se tuant les yeux à regarder dans cette ruelle noire, et n'y voyant que sa détresse.

Vers une heure, deux heures, quelquefois plus tard, on chantait au bout du passage. C'était Arthur qui rentrait. Le plus souvent il se faisait accompagner, traînait un camarade jusqu'à sa porte : « Viens donc... viens donc... » et même là, il flânait encore, ne pouvait se décider à rentrer, sachant bien ce qui l'attendait chez lui... En montant l'escalier, le silence de la maison endormie qui lui renvoyait son pas lourd le gênait comme un remords. Il parlait seul, tout haut, s'arrêtant devant chaque taudis : « Bonsoir, ma'me Weber... bonsoir, ma'me Mathieu. » Et si on ne lui répondait pas, c'était une bordée d'injures jusqu'au moment où toutes les portes, toutes les fenêtres s'ouvraient pour lui renvoyer ses malédictions. C'est ce qu'il demandait. Son vin aimait le train, les querelles. Et puis, comme cela, il s'échauffait, arrivait en colère, et sa rentrée lui faisait moins peur.

Elle était terrible, cette rentrée.

« Ouvre, c'est moi... »

J'entendais les pieds nus de la femme sur le carreau, le frottement des allumettes, et l'homme qui, dès en rentrant, essayait de bégayer une histoire, toujours la même : les camarades, l'entraînement. Chose, tu sais bien... Chose qui travaille au chemin de fer. La femme ne l'écoutait pas :

« Et l'argent ?

— J'en ai plus, disait la voix d'Arthur.

— Tu mens !. »

Il mentait en effet. Même dans l'entraînement du vin, il réservait toujours quelques sous, pensant d'avance à sa soif du lundi ; et c'est ce restant de paye qu'elle essayait de lui arracher. Arthur se débattait :

« Puisque je te dis que j'ai tout bu, » criait-il. Sans répondre, elle s'accrochait à lui de toute son indignation, de tous ses nerfs, le secouait, le fouillait, retournait ses poches. Au bout d'un moment, j'entendais l'argent qui roulait par terre, la femme se jetant dessus avec un rire de triomphe.

« Ah! tu vois bien. »

Puis un juron, des coups sourds.... C'était l'ivrogne qui se vengeait. Une fois en train de battre, il ne s'arrêtait plus. Tout ce qu'il y a de mauvais, de destructeur dans ces affreux vins de barrière lui montait au cerveau et voulait sortir. La femme hurlait, les derniers meubles du bouge volaient en éclats, les enfants réveillés en sursaut pleuraient de peur. Dans le passage les fenêtres s'ouvraient. On disait :

« C'est Arthur! c'est Arthur!... »

Quelquefois aussi le beau-père, un vieux chiffonnier qui logeait dans le garni voisin, venait au secours de sa fille, mais Arthur s'enfermait à clef pour ne pas être dérangé dans son opération. Alors, à travers la serrure, un dialogue effrayant s'engageait entre le beau-père et le gendre, et nous en apprenions de belles :

— T'en as donc pas assez de tes deux ans de prison, bandit? » criait le vieux. Et l'ivrogne, d'un ton superbe :

« Eh bien oui, j'ai fait deux ans de prison... Et puis après? Au moins, moi, j'ai payé ma dette à la société... Tâche donc de payer la tienne!... »

Cela lui paraissait tout simple : j'ai volé, vous m'avez mis en prison, nous sommes quittes... Mais tout de même, si le vieux insistait trop là-dessus, Arthur impatienté ouvrait sa porte, tombait sur le beau-père, la belle-mère, les voisins, et rossait tout le monde, comme Polichinelle.

Ce n'était pourtant pas un méchant homme. Bien souvent le dimanche, au lendemain d'une de ces tueries, l'ivrogne apaisé, sans le sou pour aller boire, passait la journée chez lui. On sortait les chaises des chambres. On s'installait sur le balcon, ma'me Weber, ma'me Mathieu, tout le garni, et l'on causait. Arthur faisait l'aimable, le bel esprit ; vous auriez dit un de ces ouvriers modèles qui suivent les cours du soir. Il prenait pour parler une voix blanche, doucereuse, déclamait des bouts d'idées ramassées un peu partout, sur les droits de l'ouvrier, la tyrannie du capital. Sa pauvre femme, attendrie par les coups de la veille, le regardait avec admiration, et ce n'était pas la seule.

— « Cet Arthur, pourtant s'il voulait ! » murmurait ma'me Weber en soupirant. Ensuite ces dames le faisaient chanter. Il chantait *les Hirondelles*, de M. de *Bélanger*. Oh ! cette voix de gorge, pleine de fausses larmes, le sentimentalisme bête de l'ouvrier !... Sous la vérandah moisie, en papier goudronné, les guenilles étendues laissaient passer un coin du ciel bleu entre les cordes, et toute cette crapule, affamée d'idéal à sa manière, tournait là-haut ses yeux mouillés.

Tout cela n'empêchait pas que, le samedi suivant, Arthur mangeait sa paye, battait sa femme, et qu'il y avait là, dans ce bouge, un tas d'autres petits Arthur, n'attendant que d'avoir l'âge de leur père pour manger leur paye, battre leurs femmes... Et c'est cette race-là qui voudrait gouverner le monde!... Ah! maladie! comme disaient mes voisins du passage.

XI

L'AGONIE DE LA SÉMILLANTE

Il y a deux ou trois ans de cela.

Je courais la mer de Sardaigne en compagnie de sept ou huit matelots douaniers. Rude voyage pour un novice : de tout le mois de mars nous n'eûmes pas un jour de bon. Le vent d'est s'était acharné après nous, et la mer ne décolérait pas.

Un soir que nous fuyions devant la tempête, notre bateau vint se réfugier à l'entrée du détroit de Bonifacio, au milieu d'un massif de petites îles. Leur aspect n'avait rien d'engageant : de grands rocs pelés couverts d'oiseaux, quelques touffes d'absinthe, des mâquis de lentisque, et, çà et là, dans la vase, des pièces de bois en train de pourrir ; mais, ma foi ! pour passer la nuit, ces rochers sinistres valaient encore mieux que le rouffe d'une vieille barque à demi pontée, où la lame entrait comme chez elle, et nous nous en contentâmes.

A peine débarqués, tandis que les matelots allumaient le feu pour faire la bouillabaisse, le patron m'appela, et me montrant un petit enclos de maçonnerie blanche, perdu dans la brume au bout de l'île :

« Venez-vous au cimetière ? me dit-il.

— Un cimetière, patron Lionetti ? Où sommes-nous donc ?

— Aux îles Lavezzi, monsieur. C'est ici que sont enterrés les six cents hommes de la *Sémillante*, à l'endroit même où leur frégate s'est perdue, il y a dix ans... Pauvres gens ! ils ne reçoivent pas beaucoup de visites ; c'est bien le moins que nous allions leur dire bonjour, puisque nous voilà.

— De tout mon cœur, patron. »

Qu'il était triste, le cimetière de la *Sémillante*, avec sa petite muraille basse, sa porte de fer, rouillée, dure à ouvrir, sa chapelle silencieuse, et des centaines de croix noires cachées par l'herbe !... Pas une couronne d'immortelles, pas un souvenir, rien... Ah ! les pauvres morts abandonnés, comme ils doivent avoir froid dans leur tombe de hasard !

Nous restâmes là un moment agenouillés. Le patron priait à haute voix ; d'énormes goëlands, seuls gardiens du cimetière, tournoyaient sur nos têtes et mêlaient leurs cris rauques aux lamentations de la mer.

La prière finie, nous revînmes tristement vers le coin de l'île où la barque était amarrée. En notre absence, les matelots n'avaient pas perdu leur temps.

Nous trouvâmes un grand feu flambant à l'abri d'une roche et la marmite qui fumait. On s'assit en rond, les pieds à la flamme, et bientôt chacun eut sur ses genoux, dans une écuelle de terre rouge, deux tranches de pain noir arrosées largement. Le repas fut silencieux ; nous étions mouillés, nous avions faim, et puis le voisinage du cimetière... Pourtant, quand les écuelles furent vidées, on alluma les pipes et on se mit à causer un peu. Naturellement, on parlait de la *Sémillante*.

« Mais enfin, comment la chose s'est-elle passée ? demandai-je au patron, qui, la tête dans ses mains, regardait la flamme d'un air pensif.

— Comment la chose s'est passée, me répondit le bon Lionetti avec un gros soupir, hélas ! monsieur, personne au monde ne pourrait le dire. Tout ce que nous savons, c'est que la *Sémillante*, chargée de troupes pour la Crimée, était partie de Toulon, la veille au soir, avec le mauvais temps. La nuit, ça se gâta encore. Du vent, de la pluie, la mer énorme comme on ne l'avait jamais vue... Le matin le vent tomba un peu, mais la mer était dans tous ses états, et cela avec une sacrée brume du diable à ne pas distinguer un fanal à quatre pas... Ces brumes-là, monsieur, on ne se doute pas comme c'est traître... Ça ne fait rien, j'ai idée que la *Sémillante* a dû perdre son gouvernail dans la matinée, car il n'y a pas de brume qui tienne ; sans une avarie, jamais le capitaine ne serait venu s'aplatir ici contre. C'était un rude marin, que nous connaissions tous. Il avait commandé la station en Corse pendant trois ans, et savait sa côte aussi bien que moi, qui ne sais pas autre chose.

— Et à quelle heure pense-t-on que la *Sémillante* a péri ?

— Ce doit être à midi ; oui, monsieur, en plein midi..... Mais dame, avec la brume de mer, ce plein midi-là ne valait guère mieux qu'une nuit noire comme la gueule d'un loup... Un douanier de la côte m'a raconté que ce jour-là, vers onze heures et demie, étant sorti de sa maisonnette pour rattacher ses volets, il avait eu sa casquette emportée par un coup de vent, et qu'au risque d'être enlevé lui-même par la lame, il s'était mis à courir après, le long du rivage, à quatre pattes. Vous comprenez, les douaniers ne sont pas riches, et une casquette, ça coûte cher. Or il paraîtrait qu'à un moment notre homme, en relevant la tête, aurait aperçu tout près de lui, dans la brume, un gros navire à sec de toiles qui fuyait sous le vent du côté des îles Lavezzi. Ce navire allait si vite, si vite, que le douanier n'eut guère le temps de bien voir. Tout fait croire cependant que c'était la *Sémillante*, puisque une demi-heure après le berger des îles a entendu sur ces roches..... Mais précisément voici le berger dont je vous parle, monsieur; il va vous conter la chose lui-même... Bonjour, Palombo... viens te chauffer un peu ; n'aie pas peur.»

Un homme encapuchonné, que je

voyais rôder depuis un moment autour de notre feu et que j'avais pris pour quelqu'un de l'équipage, car j'ignorais qu'il y eût un berger dans l'île, s'approcha de nous craintivement.

C'était un vieux lépreux, aux trois quarts idiot, atteint de je ne sais quel mal scorbutique qui lui faisait de grosses lèvres lippues, horribles à voir. On lui expliqua à grand'peine de quoi il s'agissait. Alors, soulevant du doigt sa lèvre malade, le vieux nous raconta qu'en effet le jour en question, vers midi, il entendit de sa cabane un craquement effroyable sur les roches. Comme l'île était toute couverte d'eau, il n'avait pas pu sortir, et c'est le lendemain seulement qu'en ouvrant sa porte, il avait vu le rivage encombré de débris et de cadavres laissés là par la mer. Épouvanté, il s'était enfui en courant vers sa barque, pour aller à Bonifacio chercher du monde.

Fatigué d'en avoir tant dit, le berger s'assit, et le patron reprit la parole :

« Oui, monsieur, c'est ce pauvre vieux qui est venu nous prévenir. Il était presque fou de peur, et, de l'affaire, sa cervelle en est restée détraquée. Le fait est qu'il y avait de quoi... Figurez-vous six cents cadavres en tas sur le sable, pêle-mêle avec les éclats de bois et les lambeaux de toiles... Pauvre *Sémillante!*... la mer l'avait broyée du coup, et si bien mise en miettes que dans tous ses débris le berger Palombo n'a trouvé qu'à grand'peine de quoi faire une palissade autour de sa hutte... Quant aux hommes, presque tous défigurés, mutilés affreusement, c'était pitié de les voir accrochés les uns aux autres, par grappes... Nous trouvâmes le capitaine en grand costume, l'aumônier son étole au cou; dans un coin, entre deux roches, un petit mousse, les yeux ouverts, on aurait cru qu'il vivait encore; mais non! Il était dit que pas un n'en réchapperait. »

Ici le patron s'interrompit.

« Attention, Nardi! cria-t-il, le feu s'éteint. »

Nardi jeta sur la braise deux ou trois morceaux de planches goudronnées qui s'enflammèrent, et Lionetti continua :

« Ce qu'il y a de plus triste dans cette histoire, le voici... Trois semaines avant le sinistre, une petite corvette, qui allait en Crimée comme la *Sémillante*, avait fait naufrage de la même façon, presque au même endroit; seulement, cette fois-là, nous étions parvenus à sauver l'équipage et vingt soldats du train qui se trouvaient à bord... Ces pauvres tringlos n'étaient pas à leur affaire, vous pensez! On les emmena à Bonifacio, et nous les gardâmes pendant deux jours avec nous, à *la marine*... Une fois bien secs et remis sur pieds, bonsoir! bonne chance! ils retournèrent à Toulon, où, quelque temps après, on les embarqua de nouveau pour la Crimée... Devinez sur quel navire ?... Sur la *Sémillante*, monsieur... Nous les avons retrouvés tous, tous les vingt, couchés parmi les morts, à la place où nous sommes... Je relevai moi-même un joli brigadier à fine moustaches, un blondin de Paris que j'avais couché à la maison et qui nous avait fait rire tout le temps avec ses histoires..... De le voir là, ça me creva le cœur..... Ah ! Santa Madre !... »

Là-dessus le brave Lionetti, tout ému, secoua les cendres de sa pipe et se roula dans son caban en me souhaitant la bonne nuit. Pendant quelque temps encore, les matelots causèrent entre eux à demi-voix... Puis, l'une après l'autre, les pipes s'éteignirent ... On ne parla plus... Le vieux berger s'en alla, et je restai seul à rêver au milieu de l'équipage endormi.

Encore sous l'impression du lugubre récit que je venais d'entendre, j'essayais de reconstruire dans ma pensée le pauvre navire défunt et l'histoire de cette agonie dont les goëlands ont été seuls témoins. Quelques détails qui m'avaient frappé, le capitaine en grand costume, l'étôle de l'aumônier, les vingt soldats du train, m'aidaient à deviner toutes les péripéties du drame... Je voyais la frégate partant de Toulon dans la nuit. Elle sort du port. La mer est mauvaise, le vent terrible ; mais on a pour capitaine un vaillant marin, et tout le monde est tranquille à bord.

Le matin, la brume de mer se lève. On commence à être inquiet. Tout l'équipage est en haut. Le capitaine ne quitte pas la dunette. Dans l'entre-pont où les soldats sont renfermés, il fait noir ; l'atmosphère est chaude. Quelques-uns sont malades, couchés sur leurs sacs. Le navire tangue horriblement ; impossible de se tenir debout. On cause assis à terre par groupe, en se cramponnant aux bancs; il faut crier pour s'entendre. Il y en a qui commencent à avoir peur..... Écoutez donc ! Les naufrages sont fréquents dans cet parages-ci ; les tringlos sont là pour le dire, et ce qu'ils racontent n'est pas rassurant. Leur brigadier surtout, un Parisien qui blague toujours, vous donne la chair de poule avec ses plaisanteries : « Un naufrage !... mais c'est très-amusant, un naufrage. Nous en serons quittes pour un bain à la glace, et puis on nous mènera à Bonifacio, histoire de manger des merles chez le patron Lionetti. » Et les tringlos de rire...

Tout à coup un craquement... Qu'est-ce que c'est ? Qu'arrive-t-il ?... « Le gouvernail vient de partir, » dit un matelot tout mouillé qui traverse l'entre-pont en courant. « Bon voyage ! » crie cet enragé de brigadier ; mais cela ne fait plus rire personne.

Grand tumulte sur le pont. La brume empêche de se voir. Les matelots vont et viennent effrayés, à tâtons... Plus de gouvernail ! La manœuvre est impossible...... La *Sémillante*, en dérive, file comme le vent... C'est à ce moment que le douanier la voit passer ; il est onze heures et demie. A l'avant de la frégate, on entend comme des coups de canon... Les brisants! les brisants!... C'est fini, il n'y a plus d'espoir, on va droit à la côte. Le capitaine descend dans sa cabine. Au bout d'un moment, il vient reprendre sa place sur la dunette, — en grand costume. Il a voulu se faire beau pour mourir.

Dans l'entre-pont, les soldats, anxieux, se regardent, sans rien dire... Les malades essayent de se redresser... Le petit brigadier ne rit plus... C'est alors que la porte s'ouvre et que l'aumônier paraît sur le seuil avec son étole : « A genoux, mes enfants! » Tout le monde obéit. D'une voix retentissante, le prêtre commence la prière des agonisants.

Soudain un choc formidable, un cri, un seul cri, un cri immense, des bras tendus, des mains qui se cramponnent, des regards effarés où la vision de la mort passe comme un éclair... Miséricorde!...

C'est ainsi que je passai toute la nuit à rêver, évoquant, à dix ans de distance, l'âme du pauvre navire dont les débris m'entouraient... Au loin, dans le détroit, la tempête faisait rage ; la flamme du bivac se courbait sous la rafale, et j'entendais notre barque danser au pied des roches en faisant crier son amarre.

XII

LE PÈRE ACHILLE

Midi sonne aux cloches des fabriques ; les grandes cours silencieuses s'emplissent de bruit et de mouvement.

La mère Achille quitte son ouvrage, la fenêtre où elle était assise, et se dispose à mettre son couvert. L'homme va monter pour déjeuner. Il travaille là tout près dans ces grands ateliers vitrés qu'on aperçoit encombrés de pièces de bois, et où grincent du matin au soir les instruments des scieurs de long... La femme va et vient de la chambre à la cuisine. Tout est soigné, tout reluit dans cet intérieur d'ouvrier. Seulement la nudité des deux petites pièces est plus frappante à ce jour éclatant du cinquième étage. On voit des cimes d'arbres, les buttes Chaumont tout en haut, et çà et là de longues cheminées de briques noircies au bord, toujours actives. Les meubles sont cirés, frottés. Ils datent du mariage, comme ces deux bouquets de fruits en verre qui ornent la cheminée. On n'a rien acheté depuis, parce que, pendant que la femme tirait courageusement son aiguille, l'homme dépensait ses journées dehors. Tout ce qu'elle a pu faire, ç'a été de soigner, d'entretenir le peu qu'ils avaient.

Pauvre mère Achille! encore une qui en a eu des tristesses dans son ménage. Les premières années surtout ont été bien dures. Un mari coureur, ivrogne, pas d'enfants, obligée par son métier de couturière à vivre toujours enfermée, toujours seule dans le silence et l'ordre monotone d'une maison sans enfants où il n'y a pas de petites mains pour brouiller les pelotons, ni de ces petits pieds qui font tant de poussière et de joli train. C'est cela surtout qui l'ennuyait ; mais, comme elle était très-courageuse, elle s'est consolée en travaillant. Peu à peu le mouvement régulier de l'aiguille a calmé son chagrin, et l'intime contentement du travail fini, d'une minute de repos au bout d'une journée de peine, lui a tenu lieu de bonheur. D'ailleurs, en vieillissant, le père Achille a bien changé. Il boit tout de même toujours plus que sa soif ; mais après il se reprend mieux à son travail. On sent qu'il commence à la craindre un peu, cette brave femme qui a pour lui des tendresses et des sévérités de mère. Quand il est ivre, il ne la bat plus jamais ; et même de temps en temps, honteux de lui avoir fait une jeunesse si triste, il l'emmène promener le dimanche aux Lilas ou à Saint-Mandé.

Le couvert est mis, la chambre en ordre. On frappe. « Entre donc !... La clef est sur la porte. » On entre, mais ce n'est pas lui. C'est un grand beau garçon d'une vingtaine d'années, en bourgeron d'ouvrier. La mère Achille ne l'a jamais vu; pourtant il y a pour elle dans l'expression de ce jeune et franc visage quelque chose d'intimement connu, et qui la trouble : « Qu'est-ce que vous demandez?

— Le père Achille n'est pas là?

— Non, mon garçon, mais il va rentrer bientôt. Si vous avez quelque chose à lui dire, vous pouvez l'attendre.

Elle avance une chaise; puis, comme il lui est impossible de rester inactive, elle se remet à coudre dans l'embrasure de la croisée. Celui qui vient d'entrer regarde curieusement tout autour de la chambre. Il voit une photographie au mur, s'approche et l'examine avec attention : — C'est le père Achille, ça?...

La femme est très-étonnée : — Vous ne le connaissez donc pas?

— Non, mais ce n'est pas l'envie qui m'en manque.

— Mais, enfin, qu'est-ce que vous lui

voulez? Est-ce pour de l'argent que vous venez? Il me semblait pourtant qu'il ne devait plus rien à personne, nous avons tout payé.

— Non, non, il ne me doit rien. C'est même assez singulier qu'il ne me doive rien, puisque c'est mon père.

— Votre père?

Elle se lève toute pâle, son ouvrage lui glisse des mains.

— Oh! vous savez, madame Achille, ce n'est pas pour vous faire affront, ce que je vous dis là... Je suis d'avant votre mariage. C'est moi le fils de Sidonie ; vous avez peut-être entendu parler de ma mère?

En effet, elle connaît ce nom. Dans le commencement du ménage, ça l'a même rendue bien malheureuse. On lui disait que cette Sidonie, une ancienne de son mari, était une très-jolie fille et qu'à eux deux ils faisaient le plus joli couple du pays. Ces choses-là sont toujours dures à entendre.

Le garçon continue :

— Ma mère est une brave femme, allez! D'abord, on m'avait mis aux Enfants-Trouvés; mais, à dix ans, elle m'a repris. Elle a travaillé ferme pour m'élever, me faire apprendre un état... Ah! je n'ai rien à lui reprocher, à elle! Mon père, lui, c'est autre chose; mais je ne suis pas venu pour cela... Je suis venu seulement pour le voir, pour le connaître. C'est vrai, ça m'a toujours taquiné, cette idée de ne pas connaître mon père. Tout petit, ça me tourmentait déjà et j'ai bien souvent fait pleurer ma mère avec mes questions : « Je n'ai donc pas de père, moi ? où est-il ? Qu'est-ce qu'il fait? » Enfin un jour elle m'a avoué la vérité, et tout de suite je me suis dit : Il est à Paris, eh bien! j'irai le voir. Elle voulait m'en empêcher : « Puisque je te dis qu'il est marié, que tu ne lui es plus rien, qu'il ne s'est jamais informé de toi. » Ça n'a rien fait. Je voulais le connaître à toute force, et ma foi! en arrivant à Paris, j'avais son adresse, et je suis venu tout droit. Il ne faut pas m'en vouloir, c'était plus fort que moi...

Oh! non, elle ne lui en veut pas! Mais au fond du cœur elle est jalouse. Elle pense en le regardant qu'il y a de bien mauvaises chances dans la vie; qu'il aurait dû être pour elle, cet enfant-là. Comme elle l'aurait bien soigné, bien élevé!... C'est qu'en vérité, c'est tout le portrait d'Achille; seulement il a en plus un air d'effronterie, et elle ne peut pas s'empêcher de penser que son fils à elle, ce fils tant désiré, aurait eu quelque chose de plus posé, de plus honnête dans le regard et dans la voix.

La situation est un peu embarrassante. Ils se taisent tous les deux. Chacun songe de son côté. Tout à coup on entend des pas dans l'escalier. C'est le père. Il entre, long, voûté, avec la démarche traînante de l'ouvrier qui a passé beaucoup de lundis à flâner par les rues.

« Tiens, Achille, dit la femme, voilà quelqu'un qui veut te parler, » et elle s'en va dans la pièce à côté, laissant son mari et le fils de la belle Sidonie en face l'un de l'autre. Au premier mot, Achille change de figure, l'enfant le rassure : « Oh ! vous savez, je ne vous demande rien ; je n'ai besoin de personne pour vivre ; je suis seulement venu vous voir, pas plus. »

Le père balbutie : « Sans doute, sans doute... Tu as... vous avez très-bien fait, mon garçon. »

C'est égal, cette paternité subite le gêne un peu, surtout devant sa femme. Il regarde du côté de la cuisine, et baissant la voix : « Tenez, descendons, il y a un marchand de vin en bas, nous serons mieux pour causer... Attends-moi, la mère, je reviens. »

Ils descendent, s'attablent devant un litre, et on cause.

— Qu'est-ce que vous faites ? demande le père, moi je suis dans la charpente.

Le fils répond : « Moi dans la menuiserie. »

— Est-ce que ça va bien, chez vous, les affaires ?

— Non, pas fort.

Et la conversation continue sur ce ton. Quelques détails de métier, c'est par là seulement qu'ils se tiennent. Du reste, pas la moindre émotion de se voir. Rien à se dire, rien. Pas un souvenir commun, deux vies complétement séparées qui n'ont jamais eu la moindre influence l'une sur l'autre.

Le litre fini, le fils se lève : « Allons, mon père, je ne veux pas vous retarder davantage ; je vous ai vu, je m'en vais content. A revoir.

— Bonne chance, mon garçon. »

Ils se serrent la main froidement, l'enfant part de son côté, le père remonte chez lui ; ils ne se reverront jamais.

XIII

LES ÉMOTIONS D'UN PERDREAU ROUGE
RACONTÉES PAR LUI-MÊME

Vous savez que les perdreaux vont par bandes et nichent ensemble aux creux des sillons pour s'enlever à la moindre alerte, éparpillés dans la volée comme une poignée de grains qu'on sème. Notre compagnie à nous est gaie et nombreuse, établie en plaine sur la lisière d'un grand bois, ayant du butin et de beaux abris de deux côtés. Aussi, depuis que je sais courir, bien emplumé, bien nourri, je me trouvais très-heureux de vivre. Pourtant quelque chose m'inquiétait un peu, c'était cette fameuse ouverture de la chasse dont nos mères commençaient à parler tout bas entre elles.

Un ancien de notre compagnie me disait toujours à ce propos :

— « N'aie pas peur, Rouget, — on m'appelle Rouget à cause de mon bec et de mes pattes couleur de sorbe ; — n'aie pas peur, Rouget. Je te prendrai avec moi le jour de l'ouverture et je suis sûr qu'il ne t'arrivera rien. »

C'est un vieux coq très-malin et encore alerte, quoiqu'il ait le *fer à cheval* déjà marqué sur la poitrine et quelques plumes blanches par-ci par-là. Tout jeune, il a reçu un grain de plomb dans l'aile, et comme cela l'a rendu un peu lourd, il y regarde à deux fois avant de s'envoler, prend son temps, et se tire d'affaire. Souvent il m'emmenait avec lui jusqu'à l'entrée du bois. Il y a là une singulière petite maison, nichée dans les châtaigniers, muette comme un terrier vide, et toujours fermée.

— « Regarde bien cette maison, petit, me disait le vieux ; quand tu verras de la fumée monter du toit, le seuil et les volets ouverts, ça ira mal pour nous. »

Et moi je me fiais à lui, sachant bien qu'il n'en était pas à sa première ouverture.

En effet, l'autre matin, au petit jour, j'entends qu'on rappelait tout bas dans le sillon...

« Rouget, Rouget. »

C'était mon vieux coq. Il avait des yeux extraordinaires.

« Viens vite, me dit-il, et fais comme moi. »

Je le suivis, à moitié endormi, en me coulant entre les mottes de terre, sans voler, sans presque sauter, comme une souris. Nous allions du côté du bois; et je vis en passant qu'il y avait de la fumée à la cheminée de la petite maison, du jour aux fenêtres, et devant la porte grande ouverte des chasseurs tout équipés, entourés de chiens qui sautaient. Comme nous passions, un des chasseurs cria :

« Faisons la plaine ce matin, nous ferons le bois après déjeuner. »

Alors je compris pourquoi mon vieux compagnon nous emmenait d'abord sous la futaie. Tout de même le cœur me battait, surtout en pensant à nos pauvres amis.

Tout à coup, au moment d'atteindre la lisière, les chiens se mirent à galoper de notre côté...

« Rase-toi, rase-toi, » me dit le vieux en se baissant.

En même temps, à dix pas de nous, une caille effarée ouvrit ses ailes et son bec tout grands, et s'envola avec un cri de peur. J'entendis un bruit formidable et nous fûmes entourés par une poussière d'une odeur étrange, toute blanche et toute chaude, bien que le soleil fût à peine levé. J'avais si peur que je ne pouvais plus courir. Heureusement nous entrions dans le bois. Mon camarade se blottit derrière un petit chêne, je vins me mettre près de lui, et nous restâmes là cachés, à regarder entre les feuilles.

Dans les champs, c'était une terrible fusillade. A chaque coup, je fermais les yeux, tout étourdi; puis, quand je me décidais à les ouvrir, je voyais la plaine grande et nue, les chiens courant, furetant dans les brins d'herbe, dans les javelles, tournant sur eux-mêmes comme des fous. Derrière eux les chasseurs juraient, appelaient; les fusils brillaient au soleil. Un moment, dans un petit nuage de fumée, je crus voir — quoiqu'il n'y eût aucun arbre alentour — voler comme des feuilles éparpillées. Mais mon vieux coq me dit que c'était des plumes: et, en effet, à cent pas devant nous, un superbe perdreau gris tombait dans le sillon en renversant sa tête sanglante.

Quand le soleil fut très-chaud, très-haut, la fusillade s'arrêta subitement. Les chasseurs revenaient vers la petite maison, où l'on entendait pétiller un grand feu de sarments. Ils causaient entre eux, le fusil sur l'épaule, discutaient les coups, pendant que leurs chiens venaient derrière, harassés, la langue pendante...

« Ils vont déjeuner, me dit mon compagnon, faisons comme eux. »

Et nous entrâmes dans un champ de sarrasin qui est tout près du bois, un grand champ blanc et noir, en fleur et en graine, sentant l'amande. De beaux faisans au plumage mordoré picotaient là, eux aussi, en baissant leurs crêtes rouges, de peur d'être vus. Ah! ils étaient moins fiers que d'habitude. Tout en mangeant, ils nous demandèrent des nouvelles et si l'un des leurs était déjà tombé. Pendant ce temps, le déjeuner des chasseurs, d'abord silencieux, devenait de plus en plus bruyant; nous entendions choquer les verres et partir les bouchons des bouteilles. Le vieux trouva qu'il était temps de rejoindre notre abri.

A cette heure, on aurait dit que le bois dormait. La petite mare où les chevreuils vont boire n'était troublée par aucun coup de langue. Pas un museau de lapin dans les serpolets de la garenne. On sentait seulement un frémissement mystérieux, comme si chaque feuille, chaque brin d'herbe abritait une vie menacée. Ces gibiers de forêt ont tant de cachettes, les terriers, les fourrés, les fagots, les broussailles, et puis des fossés, ces petits fossés de bois qui gardent l'eau si longtemps après qu'il a plu. J'avoue que j'aurais aimé être au fond d'un de ces trous-là ; mais mon compagnon préférait rester à découvert, avoir du large, voir de loin et sentir l'air ouvert devant lui. Bien nous en prit, car les chasseurs arrivaient sous le bois.

Oh ! ce premier coup de feu en forêt, ce coup de feu qui trouait les feuilles comme une grêle d'avril et marquait les écorces, jamais je ne l'oublierai. Un lapin détala au travers du chemin en arrachant des touffes d'herbe avec ses griffes tendues. Un écureuil dégringola d'un châtaignier en faisant tomber les châtaignes encore vertes. Il y eut deux ou trois vols lourds de gros faisans et un tumulte dans les branches basses, les feuilles sèches, au vent de ce coup de fusil qui agita, réveilla, effraya tout ce qui vivait dans le bois. Des mulots se coulaient au fond de leurs trous. Un cerf-volant, sorti du creux de l'arbre contre lequel nous étions blottis, roulait ses gros yeux bêtes, fixes de terreur. Et puis des demoiselles bleues, des bourdons, des papillons, pauvres bestioles s'effarant de tous côtés... Jusqu'à un petit criquet aux ailes écarlates qui vint se poser tout près de mon bec; mais j'étais trop effrayé moi-même pour profiter de sa peur.

Le vieux, lui, était toujours aussi calme. Très-attentif aux aboiements et aux coups de feu, quand ils se rapprochaient il me faisait signe, et nous allions un peu plus loin, hors de la portée des chiens et bien cachés par le feuillage. Une fois pourtant je crus que nous étions perdus. L'allée que nous devions traverser était gardée de chaque bout par un chasseur embusqué. D'un côté un grand gaillard à favoris noirs qui faisait sonner toute une ferraille à chacun de ses mouvements, couteau de chasse, cartouchière, boîte à poudre, sans compter de hautes guêtres bouclées jusqu'aux genoux et qui le grandissaient encore ; à l'autre bout un petit vieux, appuyé contre un arbre, fumait tranquillement sa pipe, en clignant des yeux comme s'il voulait dormir. Celui-là ne me faisait pas peur ; mais c'était ce grand là-bas...

— « Tu n'y entends rien, Rouget, » me dit mon camarade en riant ; et sans crainte, les ailes toutes grandes, il s'envola presque dans les jambes du terrible chasseur à favoris.

Et le fait est que le pauvre homme était si empêtré dans tout son attirail de chasse, si occupé à s'admirer du haut en bas, que lorsqu'il épaula son fusil nous étions déjà hors de portée. Ah ! si les chasseurs savaient, quand ils se croient seuls à un coin de bois, combien de petits yeux fixes les guettent des buissons, combien de petits becs pointus se retiennent de rire à leur maladresse !

Nous allions, nous allions toujours. N'ayant rien de mieux à faire qu'à suivre mon vieux compagnon, mes ailes battaient au vent des siennes pour se replier immobiles aussitôt qu'il se posait. J'ai encore dans les yeux tous les endroits où nous avons passé : la garenne rose de bruyères, pleine de terriers au pied des arbres jaunes, avec ce grand rideau de chênes où il me semblait voir la mort cachée partout, la petite allée verte où ma mère Perdrix avait promené tant de fois sa nichée au soleil de mai, où nous sautions tout en piquant les fourmis rouges qui nous grimpaient aux pattes, où nous rencontrions des petits faisans farauds, lourds comme des poulets, et qui ne voulaient pas jouer avec nous.

Je la vis comme dans un rêve ma petite allée, au moment où une biche la traversait, haute sur ses pattes menues, les yeux grands ouverts et prête à bondir. Puis la mare où l'on vient en partie par quinze ou trente, tous du même vol, levés de la plaine en une minute, pour boire à l'eau de la source et s'éclabousser de gouttelettes qui roulent sur le lustre des plumes... Il y avait au milieu de cette mare un bouquet d'aulnettes très-fourré, c'est dans cet îlot que nous nous réfugiâmes. Il aurait fallu que les chiens eussent un fameux nez pour venir nous chercher là. Nous y étions depuis un moment, lorsqu'un chevreuil arriva, se traînant sur trois pattes et laissant une trace rouge sur les mousses derrière lui. C'était si triste à voir que je cachai ma tête sous les feuilles ; mais j'entendais le blessé boire dans la mare en soufflant, brûlé de fièvre...

Le jour tombait. Les coups de fusil s'éloignaient, devenaient plus rares. Puis tout s'éteignit. C'était fini. Alors nous revînmes tout doucement vers la plaine, pour avoir des nouvelles de notre compagnie. En passant devant la petite maison du bois, je vis quelque chose d'épouvantable.

Au rebord d'un fossé, les lièvres au poil roux, les petits lapins gris à queue blanche, gisaient à côté les uns des autres. C'était des petites pattes jointes par la mort, qui avaient l'air de demander grâce, des yeux voilés qui semblaient pleurer ; puis des perdrix rouges, des perdreaux gris, qui avaient le *fer à cheval* comme mon camarade, et des jeunes de cette année qui avaient encore comme moi du duvet sous leurs plumes. Savez-vous rien de plus triste qu'un oiseau mort? C'est si vivant, des ailes! De les voir repliées et froides, ça fait frémir... Un grand chevreuil superbe et calme paraissait endormi, sa petite langue rose dépassant la bouche comme pour lécher encore.

Et les chasseurs étaient là, penchés sur cette tuerie, comptant et tirant vers leurs carniers les pattes sanglantes, les ailes déchirées, sans respect pour toutes ces blessures fraîches. Les chiens, attachés pour la route, fronçaient encore leurs babines en arrêt, comme s'ils s'apprêtaient à s'élancer de nouveau dans les taillis.

Oh! pendant que le grand soleil se couchait là-bas et qu'ils s'en allaient tous, harassés, allongeant leurs ombres sur les mottes de terre et les sentiers humides de la rosée du soir, comme je les maudissais, comme je les détestais, hommes et bêtes, toute la bande!... Ni mon compagnon ni moi n'avions le courage de jeter comme à l'ordinaire une petite note d'adieu à ce jour qui finissait.

Sur notre route nous rencontrions de malheureuses petites bêtes, abattues par un plomb de hasard et restant là abandonnées aux fourmis, des mulots, le museau plein de poussière, des pies, des hirondelles foudroyées dans leur vol, couchées sur le dos et tendant leurs petites pattes roides vers la nuit qui descendait vite comme elle fait en automne, claire, froide et mouillée. Mais le plus navrant de tout, c'était d'entendre, à la lisière du bois, au bord du pré, et là-bas dans l'oseraie de la rivière, des appels anxieux, tristes, disséminés, auxquels rien ne répondait.

XIV

LE PHARE DES SANGUINAIRES *

Cette nuit je n'ai pas pu dormir. Le mistral était en colère et les éclats de sa grande voix m'ont tenu éveillé jusqu'au matin. Balançant lourdement ses ailes mutilées qui sifflaient à la bise comme les agrès d'un navire, tout le moulin craquait. Des tuiles s'envolaient de sa toiture en déroute. Au loin, les pins serrés dont la colline est couverte s'agitaient et bruissaient dans l'ombre. On se serait cru en pleine mer...

Cela m'a rappelé tout à fait mes belles insomnies d'il y a trois ans, quand

* Lettres de mon moulin.

j'habitais le phare des Sanguinaires, làbas, sur la côte corse, à l'entrée du golfe d'Ajaccio.

Encore un joli coin que j'avais trouvé là pour rêver et pour être seul.

Figurez-vous une île rougeâtre et d'aspect farouche; le phare à une pointe, à l'autre une vieille tour génoise où, de mon temps, logeait un aigle. En bas, au bord de l'eau, un lazaret en ruine, envahi de partout par les herbes; puis des ravins, des maquis, de grandes roches, quelques chèvres sauvages, de petits chevaux corses gambadant la crinière au vent; enfin là-haut, tout en haut, dans un tourbillon d'oiseaux de mer, la maison du phare, avec sa plate-forme en maçonnerie blanche, où les gardiens se promènent de long en large, la porte verte en ogive, la petite tour de fonte, et au-dessus la grosse lanterne à facettes qui flambe au soleil et fait de la lumière même pendant le jour... Voilà l'île des Sanguinaires, comme je l'ai revue cette nuit, en entendant ronfler mes pins. C'est dans cette île enchantée qu'avant d'avoir un moulin, j'allais m'enfermer quelquefois, lorsque j'avais besoin de grand air et de solitude.

Ce que je faisais ?

Ce que je fais ici, moins encore. Quand le mistral ou la tramontane ne soufflaient pas trop fort, je venais me mettre entre deux roches au ras de l'eau, au milieu des goëlands, des merles, des hirondelles, et j'y restais presque tout le jour dans cette espèce de stupeur et d'accablement délicieux que donne la contemplation de la mer. Vous connaissez, n'est-ce pas, cette jolie griserie de l'âme ? On ne pense pas, on ne rêve pas non plus. Tout votre être vous échappe, s'envole, s'éparpille. On est la mouette qui plonge, la poussière d'écume qui flotte au soleil entre deux vagues, la fumée blanche de ce paquebot qui s'éloigne, ce petit corailleur à voile rouge, cette perle d'eau, ce flocon de brume, tout excepté soi-même... Oh! que j'en ai passé dans mon île de ces belles heures de demi-sommeil et d'éparpillement!

Les jours de grand vent, le bord de l'eau n'étant pas tenable, je m'enfermais dans la cour du lazaret, une petite cour mélancolique, tout embaumée de romarin et d'absinthe sauvage, et là, blotti contre un pan de vieux mur, je me laissais envahir doucement par le vague parfum d'abandon et de tristesse qui flottait avec le soleil dans les logettes de pierre, ouvertes tout autour comme d'anciennes tombes. De temps en temps un battement de porte, un bond léger dans l'herbe... C'était une chèvre qui venait brouter à l'abri du vent. En me voyant, elle s'arrêtait interdite, et restait plantée devant moi, l'air vif, la corne haute, me regardant d'un œil enfantin...

Vers cinq heures le porte-voix des gardiens m'appelait pour le dîner. Je prenais alors un petit sentier dans le maquis grimpant à pic au-dessus de la mer, et je revenais lentement vers le phare, me retournant à chaque pas sur cet immense horizon d'eau et de lumière qui semblait s'élargir à mesure que je montais.

Là-haut c'était charmant. Je vois encore cette belle salle à manger à larges dalles, à lambris de chêne, la bouillabaisse fumant au milieu, la porte grande ouverte sur la terrasse blanche et tout le couchant qui entrait... Les gardiens étaient là, m'attendant pour se mettre à table. Il y en avait trois, un Marseillais et deux Corses, tous trois petits, barbus, le même visage tanné, crevassé, le même *pelone* (caban) en poil de chèvre, mais d'allure et d'humeur entièrement opposées.

A la façon de vivre de ces gens, on sentait tout de suite la différence des deux races. Le Marseillais, industrieux et vif, toujours affairé, toujours en mouvement, courait l'île du matin au soir, jardinant, pêchant, ramassant des œufs de *gouailles*, s'embusquant dans le maquis pour traire une chèvre au passage; et toujours quelque aïoli ou quelque bouillabaisse en train.

Les Corses, eux, en dehors de leur service, ne s'occupaient absolument de rien; ils se considéraient comme des fonctionnaires, et passaient toutes leurs journées dans la cuisine à jouer d'interminables parties de *scopa*, ne s'interrompant que pour rallumer leurs pipes d'un air grave, et hacher avec des ciseaux dans le creux de leurs mains de grandes feuilles de tabac vert.

Du reste, Marseillais et Corses, tous trois de bonnes gens, simples, naïfs, et pleins de prévenances pour leur hôte, quoiqu'au fond il dût leur paraître un monsieur bien extraordinaire...

Pensez donc, venir s'enfermer au phare pour son plaisir! Eux qui trouvent les journées si longues, et qui sont si heureux quand c'est leur tour d'aller à terre!... Dans la belle saison, ce grand bonheur leur arrive tous les mois. Dix jours de terre pour trente jours de phare, voilà le règlement; mais avec l'hiver et les gros temps, il n'y a plus de règlement qui tienne. Le vent souffle, la vague monte, les Sanguinaires sont blanches d'écume, et les gardiens de service restent bloqués deux ou trois mois de suite, quelquefois même dans de terribles conditions.

« Voici ce qui m'est arrivé à moi, monsieur, me contait un jour le vieux Bartoli, pendant que nous dînions, voici ce qui m'est arrivé il y a cinq ans, à cette même table où nous sommes, un soir d'hiver, comme maintenant. Ce soir-là nous n'étions que deux dans le phare, moi et un camarade qu'on appelait Tchéco... Les autres étaient à terre, malades, en congé, je ne sais plus... Nous finissions de dîner, bien tranquilles. Tout à coup voilà mon camarade qui s'arrête de manger, me regarde un moment avec de drôles d'yeux, et pouf! tombe sur la table, les bras en avant. Je vais à lui, je le secoue, je l'appelle : « O Tché!... O Tché!... » Rien. Il était mort... Vous jugez quelle émotion! Je restai plus d'une heure stupide et tremblant devant ce cadavre. Puis subitement cette idée me vient : « Et le phare! » Je n'eus que le temps de monter dans la lanterne et d'allumer. La nuit était déjà là... Quelle nuit, monsieur! La mer, le vent, n'avaient plus leurs voix naturelles. A tout moment il me semblait que quelqu'un m'appelait dans l'escalier... Avec cela, une fièvre, une soif! Mais vous ne m'auriez pas fait descendre... j'avais trop peur du mort! Pourtant, au petit jour, le courage me revint un peu. Je portai mon camarade sur son lit ; un drap dessus, un bout de prière, et puis vite aux signaux d'alarme.

« Malheureusement la mer était trop grosse; j'eus beau appeler, appeler, personne ne vint. Me voilà seul dans le phare avec mon pauvre Tchéco, et Dieu sait pour combien de temps! J'espérais pouvoir le garder près de moi jusqu'à l'arrivée du bateau; mais au bout de trois jours ce n'était plus possible... Comment faire? Le porter dehors, l'enterrer? La roche était trop dure, et il y a tant de corbeaux dans l'île! C'était pitié de leur abandonner ce chrétien. Alors je songeai à le descendre dans une des logettes du lazaret... Ça me prit toute une après-midi, cette triste corvée-là, et je vous réponds qu'il m'en fallut, du courage... Tenez! monsieur, encore aujourd'hui, quand je descends ce côté de l'île par une après-midi de grand vent, il me semble que j'ai toujours le mort sur les épaules... »

Pauvre vieux Bartoli! La sueur lui en coulait sur le front, rien que d'y penser.

Nos repas se passaient ainsi à causer longuement : le phare, la mer, des récits de naufrages, des histoires de bandits corses... Puis, le jour tombant, le gardien du premier quart allumait sa petite lampe, prenait sa pipe, sa gourde, un gros Plutarque à tranche rouge, toute la bibliothèque des Sanguinaires, et disparaissait par le fond. Au bout d'un moment, c'était dans tout le phare un fracas de chaînes, de poulies, de gros poids d'horloge qu'on remontait.

Moi, pendant ce temps, j'allais m'asseoir dehors, sur la terrasse. Le soleil, déjà très-bas, descendait vers l'eau de plus en plus vite, entraînant tout l'horizon après lui. Le vent fraîchissait, l'île devenait violette. Dans le ciel, près de moi, un gros oiseau passait lourdement : c'était l'aigle de la tour génoise qui rentrait. Peu à peu la brume de mer montait. Bientôt on ne voyait plus que l'ourlet blanc de l'écume autour de l'île. Tout à coup, au-dessus de ma tête, jaillissait un grand flot de lumière douce. Le phare était allumé. Laissant toute l'île dans l'ombre, le clair rayon allait tomber au large sur la mer, et j'étais là perdu dans la nuit, sous ces grandes ondes lumineuses qui m'éclaboussaient à peine en passant... Mais le vent fraîchissait encore. Il fallait rentrer. A tâtons, je fermais la grosse porte, j'assurais les barres de fer; puis, toujours tâtonnant, je prenais un petit escalier de fonte qui tremblait et sonnait sous mes pas, et j'arrivais au sommet du phare. Ici, par exemple, il y en avait, de la lumière!

Imaginez une lampe carcel gigantesque à six rangs de mèches, autour de laquelle pivotent lentement les parois de la lanterne, les unes remplies par une énorme lentille de cristal, les autres ouvertes sur un grand vitrage immobile qui met la flamme à l'abri du vent... En entrant j'étais ébloui. Ces cuivres, ces étains, ces réflecteurs de métal blanc, ces murs de cristal bombé qui tournaient avec de grands cercles bleuâtres, tout ce miroitement, tout ce cliquetis de lumière, me donnait un moment de vertige.

Peu à peu, cependant, mes yeux s'y faisaient, et je venais m'asseoir au pied même de la lampe, à côté du gardien, qui lisait son Plutarque à haute voix, de peur de s'endormir...

Au dehors, le noir, l'abîme. Sur le petit balcon qui tourne autour du vitrage, le vent court comme un fou, en hurlant. Le phare craque, la mer ronfle. A la pointe de l'île, sur les brisants, les lames font comme des coups de canon... Par moments, un doigt invisible frappe aux carreaux : quelque oiseau de nuit, que la lumière attire, et qui vient se casser la tête contre le cristal. Dans la lanterne étincelante et chaude, rien que le crépitement de la flamme, le bruit de l'huile qui s'égoutte, de la chaîne qui se dévide, et une voix monotone psalmodiant la vie de Démétrius de Phalère.

A minuit, le gardien se levait, jetait un dernier coup d'œil à ses mèches, et nous descendions. Dans l'escalier on rencontrait le camarade du second quart qui montait en se frottant les yeux; on lui passait la gourde, le Plutarque. Puis, avant de gagner nos lits, nous entrions un moment dans la chambre du fond, toute encombrée de chaînes, de gros poids, de réservoirs d'étain, de cordages, et là, à la lueur de sa petite lampe, le gardien écrivait sur le grand livre du phare, toujours ouvert :

« *Minuit. Grosse mer. Tempête. Navire au large.* »

XV

MAISON A VENDRE

Au dessus de la porte, une porte de bois mal jointe, qui laissait se mêler, dans un grand intervalle, le sable du jardinet et la terre de la route, un écriteau était accroché depuis longtemps, immobile dans le soleil d'été, tourmenté, secoué au vent d'automne : *Maison à vendre*, et cela semblait dire aussi maison abandonnée, tant il y avait de silence autour.

Quelqu'un habitait là pourtant. Une petite fumée bleuâtre, montant de la cheminée de brique qui dépassait un peu le mur, trahissait une existence cachée, discrète et triste comme la fumée de ce feu de pauvre. Puis à travers les ais branlants de la porte, au lieu de l'abandon, du vide, de cet en-l'air qui précède et annonce une vente, un départ, on voyait des allées bien alignées, des tonnelles arrondies, les arrosoirs près du bassin et des ustensiles de jardinier appuyés à la maisonnette. Ce n'était rien qu'une maison de paysan, équilibrée sur ce terrain en pente par un petit escalier qui plaçait le côté de l'ombre au premier, celui du midi au rez-de-chaussée. De ce côté-là, on aurait dit une serre. Il y avait des cloches de verre empilées sur les marches, des pots à fleurs vides, renversés, d'autres rangés avec des géraniums, des verveines sur le sable chaud et blanc. Du reste, à part deux ou trois grands platanes, le jardin était tout au soleil. Des arbres fruitiers en éventail sur des fils de fer, ou bien en espalier, s'étalaient à la grande lumière, un peu défeuillés, là seulement pour le fruit. C'était aussi des plants de fraisiers, des pois à grandes rames ; et au milieu de tout cela, dans cet ordre et ce calme, un vieux, à chapeau de paille, qui circulait tout le jour par les allées, arrosait aux heures fraîches, coupait, émondait les branches et les bordures.

Ce vieux ne connaissait personne dans le pays. Excepté la voiture du boulanger, qui s'arrêtait à toutes les portes dans l'unique rue du village, il n'avait jamais de visite. Parfois, quelque passant, en quête d'un de ces terrains à mi-côte qui sont tous très-fertiles et font de charmants vergers, s'arrêtait pour sonner en voyant l'écriteau. D'abord la maison restait sourde. Au second coup un bruit de sabots s'approchait lentement du fond du jardin, et le vieux entre-bâillait sa porte d'un air furieux :

« Qu'est-ce que vous voulez ?

— La maison est à vendre ?

— Oui, répondait le bonhomme avec effort, oui... elle est à vendre, mais je vous préviens qu'on en demande très-cher... » Et sa main, toute prête à la refermer, barrait la porte. Ses yeux vous mettaient dehors, tant ils montraient de colère, et il restait là, gardant comme un dragon ses carrés de légumes et sa petite cour sablée. Alors les gens passaient leur chemin, se demandant à quel maniaque ils avaient affaire, et quelle était cette folie de mettre sa maison en vente avec un tel désir de la conserver.

Ce mystère me fut expliqué. Un jour, en passant devant la petite maison, j'entendis des voix animées, le bruit d'une discussion.

— « Il faut vendre, papa, il faut vendre... vous l'avez promis... »

Et la voix du vieux, toute tremblante :

« Mais, mes enfants, je ne demande pas mieux que de vendre... voyons ! Puisque j'ai mis l'écriteau. »

J'appris ainsi que c'étaient ses fils, ses brus, de petits boutiquiers parisiens, qui l'obligeaient à se défaire de ce coin bien-aimé. Pour quelle raison ? je l'ignore. Ce qu'il y a de sûr, c'est qu'ils commençaient à trouver que la chose traînait trop, et, à partir de ce jour, ils vinrent régulièrement tous les dimanches pour harceler le malheureux, l'obliger à tenir sa promesse. De la route, dans ce grand silence du dimanche, où la terre elle-même se repose d'avoir été labourée, ensemencée toute la semaine, j'entendais cela très-bien. Les boutiquiers causaient, discutaient entre eux en jouant au tonneau, et le mot argent sonnait sec dans ces voix aigres comme les palets qu'on heurtait. Le soir, tout le monde s'en allait; et quand le bonhomme avait fait quelques pas sur la route pour les reconduire, il rentrait bien vite, et refermait tout heureux sa grosse porte, avec une semaine de répit devant lui. Pendant huit jours, la maison redevenait silencieuse. Dans le petit jardin brûlé de soleil, on n'entendait rien que le sable écrasé d'un pas lourd, ou traîné au râteau.

De semaine en semaine cependant, le vieux était plus pressé, plus tourmenté. Les boutiquiers employaient tous les moyens. On amenait les petits-enfants pour le séduire. « Voyez-vous, grand-père, quand la maison sera vendue, vous viendrez habiter avec nous. Nous serons si heureux tous ensemble !... » Et c'étaient des aparté dans tous les coins, des promenades sans fin à travers les allées, des calculs faits à haute voix. Une fois j'entendis une des filles qui criait :

« La baraque ne vaut pas cent sous... elle est bonne à jeter à bas. »

Le vieux écoutait sans rien dire. On parlait de lui comme s'il était mort, de sa maison comme si elle était déjà abattue. Il allait, tout voûté, des larmes dans les yeux, cherchant par habitude une branche à émonder, un fruit à soigner en passant ; et l'on sentait sa vie si bien enracinée dans ce petit coin de terre, qu'il n'aurait jamais la force de s'en arracher. En effet, quoi qu'on pût lui dire, il reculait toujours le moment du départ. En été, quand mûrissaient ces fruits un peu acides qui sentent la verdeur de l'année, les cerises, les groseilles, les cassis, il se disait :

« Attendons la récolte... Je vendrai tout de suite après. »

Mais, la récolte faite, les cerises passées, venait le tour des pêches, puis les raisins, et après les raisins ces belles nèfles brunes qu'on cueille presque sous la neige. Alors l'hiver arrivait. La campagne était noire, le jardin vide. Plus de passants, plus d'acheteurs. Plus même de boutiquiers le dimanche. Trois grands mois de repos pour préparer les semences, tailler les arbres fruitiers, pendant que l'écriteau inutile se balançait sur la route, retourné par la pluie et le vent.

A la longue, impatientés et persuadés que le vieux faisait tout pour éloigner les acheteurs, les enfants prirent un grand parti. Une des brus vint s'installer près de lui, une petite femme de boutique, parée dès le matin, et qui avait bien cet air avenant, faussement doux, cette amabilité obséquieuse des gens habitués au commerce. La route semblait lui appartenir. Elle ouvrait la porte toute grande, causait fort, souriait aux passants comme pour dire :

« Entrez... voyez... la maison est à vendre ! »

Plus de répit pour le pauvre vieux. Quelquefois, essayant d'oublier qu'elle était là, il bêchait ses carrés, les ensemençait à nouveau, comme ces gens tout près de la mort qui aiment à faire des projets pour tromper leurs craintes. Tout le temps, la boutiquière le suivait, le tourmentait :

— « Bah ! à quoi bon ?... C'est donc pour les autres que vous prenez tant de peine ? »

Il ne lui répondait pas, et s'acharnait

à son travail avec un entêtement singulier. Laisser son jardin à l'abandon, c'eût été le perdre un peu déjà, commencer à s'en détacher. Aussi les allées n'avaient pas un brin d'herbe; pas de gourmand aux rosiers.

En attendant, les acquéreurs ne se présentaient pas. C'était le moment de la guerre, et la femme avait beau tenir sa porte ouverte, faire des yeux doux à la route, il ne passait que des déménagements, il n'entrait que de la poussière. De jour en jour, la dame devenait plus aigre. Ses affaires de Paris la réclamaient. Je l'entendais accabler son beau-père de reproches, lui faire de véritables scènes, taper les portes. Le vieux courbait le dos sans rien dire, et se consolait en regardant monter ses petits pois, et l'écriteau, toujours à la même place : *Maison à vendre.*

... Cette année, en arrivant à la campagne, j'ai bien retrouvé la maison; mais, hélas! l'écriteau n'y était plus.

Des affiches déchirees, moisies, pendaient encore au long des murs. C'est fini ; on l'avait vendue ! A la place du grand portail gris une porte verte, fraîchement peinte, avec un fronton arrondi, s'ouvrait par un petit jour grillé qui laissait voir le jardin. Ce n'était plus le verger d'autrefois, mais un fouillis bourgeois de corbeilles, de pelouses, de cascades, le tout reflété dans une grande boule de métal qui se balançait devant le perron. Dans cette boule, les allées faisaient des cordons de fleurs voyantes, et deux larges figures s'étalaient, exagérées : un gros homme rouge, tout en nage, enfoncé dans une chaise rustique, et une énorme dame essoufflée, qui criait en brandissant un arrosoir :

« J'en ai mis quatorze aux balsamines. »

On avait bâti un étage, renouvelé les palissades ; et dans ce petit coin remis à neuf, sentant encore la peinture, un piano jouait à toute volée des quadrilles connus et des polkas de bals publics. Ces airs de danse, qui tombaient sur la route et faisaient chaud à entendre, mêlés à la grande poussière de juillet, ce tapage de grosses fleurs, de grosses dames, cette gaieté débordante et triviale me serraient le cœur. Je pensais au pauvre vieux qui se promenait là si heureux, si tranquille ; et je me le figurais à Paris, avec son chapeau de paille, son dos de vieux jardinier, errant au fond de quelque arrière-boutique, ennuyé, timide, plein de larmes, pendant que sa bru triomphait dans un comptoir neuf, où sonnaient les écus de la petite maison.

XVI

LE CABECILLA

Le bon père achevait de dire sa messe, quand on lui amena les prisonniers. C'était dans un coin sauvage des monts Arichulégui. Une roche éboulée, où un figuier géant enfonçait sa tige tordue, formait une sorte d'autel recouvert — en guise de nappe — d'un étendard carliste aux franges d'argent. Deux alcarazas ébréchés tenaient lieu de burettes, et quand le sacristain Miguel, qui servait la messe, se levait pour changer les évangiles de côté, on entendait sonner les cartouches dans sa giberne. Tout autour, les soldats de Carlos étaient rangés silencieusement, le fusil en bandoulière, un genou à terre sur le béret blanc. Un grand soleil, le soleil de Pâques en Navarre, concentrait sa chaleur éblouissante dans ce creux de roche brûlant et sonore, où le vol d'un merle gris traversait seul de temps en temps les psalmodies du prêtre et du servant. Plus haut, sur le pic en dentelle, des sentinelles se tenaient debout, dessinant dans le ciel des silhouettes immobiles.

Singulier spectacle, ce prêtre chef d'armée officiant au milieu de ses soldats! Et comme la double existence du cabecilla se lisait bien sur sa physionomie! L'air extatique, les traits durs, accentués encore par le teint bronzé du soldat en campagne, un ascétisme sans pâleur, où il manquait l'ombre du cloître, des yeux petits, noirs, très-brillants, le front traversé d'énormes veines qui semblaient nouer la pensée comme avec des cordes, la fixer dans un entêtement inextricable. Chaque fois qu'il se retournait vers l'assistance, les bras ouverts pour dire *Dominus vobiscum*, on apercevait l'uniforme sous l'étole, et la crosse d'un pistolet, le manche d'un couteau catalan soulevant le surplis froissé. « Qu'est-ce qu'il va faire de nous? » se demandaient les prisonniers avec terreur, et, en attendant la fin de la messe, ils se rappelaient tous les actes de férocité qu'on racontait du cabecilla et qui lui avaient valu un renom à part dans l'armée royaliste.

Par miracle, ce matin-là, le père était d'humeur clémente. Cette messe au grand air, son succès de la veille, et aussi l'allégresse du jour de Pâques, sensible encore à cet étrange prêtre, mettaient sur sa figure un rayon de joie et de bonté. Sitôt l'office terminé, pendant que le sacristain débarrassait l'autel, enfermant les vases sacrés dans une grande caisse qu'on portait à dos de mulet derrière l'expédition, le curé s'avança vers les prisonniers. Ils étaient là une douzaine de carabiniers républicains, affaissés par une journée de bataille et une nuit d'angoisses dans la paille de la bergerie où on les avait enfermés après l'action. Jaunes de peur, hâves de faim, de soif, de fatigue, ils se serraient les uns contre les autres comme un troupeau dans une cour d'abattoir. Leurs uniformes remplis de foin, leurs buffleteries en désordre, remontées dans la fuite, dans le sommeil, la poussière qui les couvrait entièrement du pompon de leurs casquettes à la pointe de leurs souliers jaunes, tout contribuait bien à leur donner cette physionomie sinistre des vaincus où le découragement moral se trahit par l'accablement physique. Le cabecilla les regarda un instant avec un petit rire de triomphe. Il n'était pas fâché de voir les soldats de la République, humbles, blafards, déguenillés, au milieu des carlistes bien repus, bien équipés, des montagnards navarrais et basques, bruns et secs comme des caroubes...

« *Viva Dios!* mes enfants, leur dit-il d'un air bonhomme, la République nourrit bien mal ses défenseurs. Vous voilà tous aussi maigres que les loups des Pyrénées quand les montagnes sont couvertes de neige et qu'ils viennent dans la plaine flairer l'odeur de la carne aux lumières qui luisent sous les portes des maisons... On est autrement traité au service de la bonne cause. Voulez-vous en essayer, *hermanos?* Jetez ces infâmes casquettes et coiffez-vous du béret blanc... Aussi vrai que c'est aujourd'hui le saint jour de Pâques, ceux qui crieront « Vive le roi! » je leur donne la vie sauve et les vivres de campagnes comme à mes autres soldats. »

Avant que le bon père eut fini, toutes les casquettes étaient en l'air, et les cris de « vive le roi Carlos ! — vive le cabecilla! » retentissaient dans la montagne. Pauvres diables ! Ils avaient eu si grand' peur de mourir; et c'était si tentant toutes ces bonnes viandes qu'ils sentaient là près d'eux, en train de griller à l'abri des roches, devant des feux de bivouac roses et légers dans la grande lumière ! Je crois que jamais le prétendant ne fut acclamé de si bon cœur. « Qu'on leui donne vite à manger, dit le curé en riant. Quand les loups crient de cette force, c'est qu'ils ont les dents longues. » Les carabiniers s'éloignèrent. Mais un d'entre eux, le plus jeune, resta debout devant le chef, dans une attitude fière et résolue qui contrastait avec ses traits d'enfant et le duvet fin, à peine coloré, enveloppant ses joues d'une poudre blonde. Sa capote trop grande lui faisait des plis dans le dos, sur les bras, se relevait aux manches sur deux poignets grêles, et par son ampleur l'amincissait, le rajeunissait encore. Il y avait de la fièvre dans ses longs yeux brillants, des yeux d'Arabe avivés de flamme espagnole. Et cette flamme fixe gênait le cabecilla.

— Qu'est-ce que tu veux ? lui demanda-t-il.

— Rien... J'attends que vous décidiez de mon sort.

— Mais ton sort sera celui des autres. Je n'ai nommé personne. La grâce était pour tous.

— Les autres sont des traîtres et des lâches... Moi seul je n'ai rien crié.

Le cabecilla tressaillit et le regarda bien en face :

— Comment t'appelles-tu ?

— Tonio Vidal.

— D'où es-tu ?

— De Puycerda.

— Quel âge ?

— Dix-sept ans.

— La République n'a donc plus d'hommes, qu'elle est réduite à enrôler des enfants ?

— On ne m'a pas enrôlé, padre... Je suis volontaire.

— Tu sais, drôle, que j'ai plus d'un moyen pour te faire crier : « Vive le roi ! »

L'enfant eut un geste superbe : Je **vous en défie !**

— Tu aimes donc mieux mourir ?
— Cent fois !
— C'est bien... tu mourras.

Alors le curé fit un signe, et le peloton d'exécution vint se ranger autour du condamné, qui ne sourcilla pas. Devant ce beau courage, le chef eut un mouvement de pitié : « Tu n'as rien à me demander avant ?... Veux-tu manger ? Veux-tu boire ? »

— Non ! répondit l'enfant ; mais je suis bon catholique, et je ne voudrais pas arriver devant Dieu sans confession.

Le cabecilla avait encore son surplis et son étole : « Agenouille-toi, » dit-il en s'asseyant sur une roche, et, les soldats s'étant écartés, le condamné commença à voix basse : « Bénissez-moi, mon père, parce que j'ai péché... »

Mais voici qu'au milieu de la confession, une fusillade terrible éclate à l'entrée du défilé.

— Aux armes ! crient les sentinelles.

Le cabecilla bondit, donne des ordres,

distribue les postes, éparpille ses soldats. Lui-même a sauté sur une espingole sans prendre le temps d'ôter son surplis, lorsqu'en se retournant il aperçoit l'enfant toujours à genoux.

— Qu'est-ce que tu fais là, toi?
— J'attends l'absolution.
— C'est vrai, dit le prêtre... Je t'avais oublié.

Gravement, il élève la main, bénit cette jeune tête inclinée; puis, avant de partir, cherchant des yeux autour de lui le peloton d'exécution dispersé dans le désordre de l'attaque, il s'écarte d'un pas, met son pénitent en joue, et le foudroie à bout portant.

XVII

LES DOUANIERS

Il y a quelques années, l'inspecteur général des douanes de la Corse m'emmena dans une de ses tournées le long de la côte. Sans qu'il y parût, c'était un grand voyage; quarante jours de mer, à peu près le temps qu'il faut pour aller à la Havane, et cela dans une vieille barque à demi pontée, où l'on n'avait pour s'abriter du vent, des lames, de la pluie, qu'un petit rouf goudronné, à peine assez large pour tenir une table et deux couchettes. Aussi il fallait voir nos matelots par les gros temps. Les figures ruisselaient, les vareuses trempées fumaient comme du linge à l'étuve, et en plein hiver les malheureux passaient ainsi des journées entières, même des nuits, accroupis sur leurs bancs mouillés, à grelotter dans cette humidité malsaine, car on ne pouvait pas allumer de feu à bord, et la rive était souvent difficile à atteindre... Eh bien, pas un de ces hommes ne se plaignait. Par les temps les plus rudes, je leur ai toujours vu la même placidité, la même bonne humeur. Et pourtant quelle triste vie que celle de ces matelots douaniers!

Presque tous mariés, ayant femme et enfants à terre, ils restent des mois dehors, à louvoyer sur ces côtes si dangereuses. Pour se nourrir, ils n'ont guère que du pain moisi et des oignons sauvages. Jamais de vin, jamais de viande, parce que la viande et le vin coûtent cher et qu'ils ne gagnent que cinq cents francs par an! Cinq cents francs par an! Vous pensez si la hutte doit être noire là-bas à la *Marine*, et si les enfants doivent aller pieds nus... N'importe! Tous ces gens-là paraissaient contents. Il y avait à l'arrière, devant le rouf, un grand baquet plein d'eau de pluie où l'équipage venait boire, et je me rappelle que, la dernière gorgée finie, chacun de ces pauvres diables secouait son gobelet avec un « Ah!... » de satisfaction, une expression de bien-être à la fois comique et attendrissante.

Le plus gai, le plus satisfait de tous était un petit Bonifacien hâlé et trapu qu'on appelait Palombo. Celui-là ne faisait que chanter, même dans les plus gros temps. Quand la lame devenait lourde, quand le ciel assombri et bas se remplissait de grésil, et qu'on était là tous, le nez en l'air, la main sur l'écoute, à guetter le coup de vent qui allait venir, alors dans le grand silence et l'anxiété du bord, la voix tranquille de Palombo commençait :

    Non, monseigneur,
    C'est trop d'honneur.
    Lisette est sa...age,
    Reste au villa...age...

Et la rafale avait beau souffler, faire gémir les agrès, secouer et inonder la barque, la chanson du douanier allait son train, balancée comme une mouette à la pointe des vagues. Quelquefois le vent accompagnait trop fort, on n'entendait plus les paroles; mais, entre chaque coup de mer, dans le ruissellement de l'eau qui s'égouttait, le petit refrain revenait toujours :

>Lisette est sa...age,
>Reste au villa...age...

Un jour pourtant qu'il ventait et pleuvait très-fort, je ne l'entendis pas. C'était si extraordinaire, que je sortis la tête du rouf : « Eh ! Palombo, on ne chante donc plus ? » Palombo ne répondit pas. Il était immobile, couché sous son banc. Je m'approchai de lui. Ses dents claquaient; tout son corps tremblait de fièvre. « Il a une *pountoura*, » me dirent ses camarades tristement. Ce qu'ils appellent *pountoura*, c'est un point de côté, une pleurésie. Ce grand ciel plombé, cette barque ruisselante, ce pauvre fiévreux roulé dans un vieux manteau de caoutchouc qui luisait sous la pluie comme une peau de phoque, je n'ai jamais rien vu de plus lugubre. Bientôt le froid, le vent, la secousse des vagues aggravèrent son mal. Le délire le prit ; il fallut aborder.

Après beaucoup de temps et d'efforts, nous entrâmes vers le soir dans un petit port aride et silencieux, qu'animait seulement le vol circulaire de quelques *gouailles*. Tout autour de la plage montaient de hautes roches escarpées, des mâquis inextricables d'arbustes verts, d'un vert sombre, sans saison. En bas, au bord de l'eau, une petite maison blanche à volets gris : c'était le poste de la douane. Au milieu de ce désert, cette bâtisse de l'État numérotée comme une casquette d'uniforme avait quelque chose de sinistre. C'est là qu'on descendit le malheureux Palombo. Triste asile pour un malade. Nous trouvâmes le douanier en train de manger au coin du feu avec sa femme et ses enfants. Tout ce monde-là vous avait des mines hâves, jaunes, des yeux agrandis, cerclés de fièvre. La mère, jeune encore, un nourrisson sur les bras, grelottait en nous parlant. — « C'est un poste terrible, me dit tout bas l'inspecteur. Nous sommes obligés de renouveler nos douaniers tous les deux ans. La fièvre de marais les mange... »

Il s'agissait cependant de se procurer un médecin. Il n'y en avait pas avant Sartène, c'est-à-dire à six ou huit lieues de là. Comment faire? Nos matelots n'en pouvaient plus; c'était trop loin pour envoyer un des enfants. Alors la femme, se penchant dehors, appela : « Cecco !... Cecco ! » et nous vîmes entrer un grand gars bien découplé, vrai type de braconnier ou de *banditto*, avec son bonnet de laine brune et son *pelone* en poils de chèvre. En débarquant je l'avais déjà remarqué, assis devant la porte, sa pipe rouge aux dents, un fusil entre les jambes; mais, je ne sais pourquoi, il s'était enfui à notre approche. Peut-être croyait-il que nous avions des gendarmes avec nous. Quand il entra, la douanière rougit un peu : « C'est mon cousin, nous dit-elle... Pas de danger que celui-là se perde dans le mâquis. » Puis elle lui parla tout bas, en montrant le malade. L'homme s'inclina sans répondre, sortit, siffla son chien, et le voilà parti, le fusil sur l'épaule, sautant de roche en roche avec ses longues jambes.

Pendant ce temps-là les enfants, que la présence de l'inspecteur semblait terrifier, finissaient vite leur dîner de châtaignes et de *brucio* (fromage blanc). Et toujours de l'eau, rien que de l'eau sur la table! Pourtant c'eût été bien bon, un coup de vin, pour ces petits. Enfin la mère monta les coucher; le père, allumant son falot, alla inspecter la côte, et nous restâmes au coin du feu à veiller notre malade qui s'agitait sur son grabat, comme s'il était encore en pleine mer, secoué par les lames. Pour calmer un peu sa *pountoura*, nous faisions chauffer des galets, des briques qu'on lui posait sur le côté. Une ou deux fois, quand je m'approchai de son lit, le malheureux me reconnut, et, pour me remercier, me tendit péniblement la main, une grosse main râpeuse et brûlante comme une de ces briques sorties du feu...

Triste veillée! Au dehors, le mauvais temps avait repris avec la tombée du jour, et c'était un fracas, un roulement, un jaillissement d'écume, la bataille des roches et de l'eau. De temps en temps, le coup de vent du large parvenait à se glisser dans la baie et enveloppait notre maison. On le sentait à la montée subite de la flamme qui éclairait tout à coup les visages mornes des matelots groupés autour de la cheminée et regardant le feu avec cette placidité d'expression que donne l'habitude des grandes étendues et des horizons pareils. Parfois aussi, Palombo se plaignait doucement. Alors tous les yeux se tournaient vers le coin obscur où le pauvre camarade était en train de mourir, loin des siens, sans secours ; les poitrines se gonflaient et l'on entendait de gros soupirs. C'est tout ce qu'arrachait à ces ouvriers de la mer patients et doux le sentiment de leur propre infortune. Pas de révoltes, pas de grèves. Un soupir, et rien de plus... Si, pourtant, je me trompe. En passant devant moi pour jeter une bourrée au feu, un d'eux me dit tout bas d'une voix navrée : « Voyez-vous, monsieur... On a quelquefois beaucoup *du* tourment dans notre métier. »

XVIII

LA CHÈVRE DE M. SEGUIN*

A Monsieur Pierre Gringoire, poëte lyrique, à Paris.

Tu seras bien toujours le même, mon pauvre Gringoire.

Comment! on t'offre une place de chroniqueur dans un bon journal de Paris, et tu as l'aplomb de refuser... Mais regarde-toi, malheureux garçon! Regarde ce pourpoint troué, ces chausses en déroute, cette face maigre qui crie la faim. Voilà pourtant où t'a conduit la passion des belles rimes! Voilà ce que t'ont valu dix ans de loyaux services

* Lettres de mon moulin.

dans les pages du sire Apollo... Est-ce que tu n'as pas honte, à la fin ?

Fais-toi donc chroniqueur, imbécile ; fais-toi chroniqueur. Tu gagneras de beaux écus à la rose, tu auras ton couvert chez Brébant, et tu pourras te montrer les jours de première avec une plume neuve à ta barrette.

Non ! Tu ne veux pas ?... Tu prétends rester libre à ta guise jusqu'au bout... Eh bien, écoute un peu l'histoire de la *chèvre de M. Seguin.* Tu verras ce que l'on gagne à vouloir vivre libre.

M. Seguin n'avait jamais eu de bonheur avec ses chèvres.

Il les perdait toutes de la même façon : un beau matin, elles cassaient leur corde, s'en allaient dans la montagne, et là-haut le loup les mangeait. Ni les caresses de leur maître, ni la peur du loup, rien ne les retenait. C'était, paraît-il, des chèvres indépendantes, voulant à tout prix le grand air et la liberté.

Le brave M. Seguin, qui ne comprenait rien au caractère de ses bêtes, était consterné. Il disait : « C'est fini ; les chèvres s'ennuient chez moi, je n'en garderai pas une. »

Cependant il ne se découragea pas, et, après avoir perdu six chèvres de la même manière, il en acheta une septième ; seulement, cette fois, il eut soin de la prendre toute jeune, pour qu'elle s'habituât mieux à demeurer chez lui.

Ah ! Gringoire, qu'elle était jolie, la petite chèvre de M. Seguin ! Qu'elle était jolie avec ses yeux doux, sa barbiche de sous-officier, ses sabots noirs et luisants, ses cornes zébrées et ses longs poils blancs qui lui faisaient une houppelande ; c'était presque aussi charmant que le cabri d'Esméralda, tu te rapelles, Gringoire ? — et puis docile, caressante, se laissant traire sans bouger, sans mettre son pied dans l'écuelle ; un amour de petite chèvre.

M. Seguin avait derrière sa maison

un clos entouré d'aubépines. C'est là qu'il mit sa nouvelle pensionnaire. Il l'attacha à un pieu, au plus bel endroit du pré, en ayant soin de lui laisser beaucoup de corde, et de temps en temps il venait voir si elle était bien. La chèvre se trouvait très-heureuse, et broutait l'herbe de si bon cœur que M. Seguin était ravi : — « Enfin, pensait le pauvre homme, en voilà une qui ne s'ennuiera pas chez moi ! »

M. Seguin se trompait, sa chèvre s'ennuya.

Un jour, elle se dit en regardant la montagne :

« Comme on doit être bien là-haut ! Quel plaisir de gambader dans la bruyère, sans cette maudite longe qui vous écorche le cou... C'est bon pour l'âne ou pour le bœuf de brouter dans un clos !... Les chèvres, il leur faut du large. »

A partir de ce moment, l'herbe du clos lui parut fade. L'ennui lui vint. Elle maigrit, son lait se fit rare. C'était pitié de la voir tirer tout le jour sur sa longe, la tête tournée du côté de la montagne, la narine ouverte, et faisant : *Mé!...* tristement.

M. Seguin s'apercevait bien que sa chèvre avait quelque chose, mais il ne savait pas ce que c'était. Un matin, comme il achevait de la traire, la chèvre se retourna et lui dit dans son patois :

« Écoutez, monsieur Seguin, je me languis chez vous. Laissez-moi aller dans la montagne.

— Ah ! mon Dieu !... Elle aussi ! » cria M. Seguin stupéfait, et du coup il laissa tomber son écuelle ; puis, s'asseyant dans l'herbe, à côté de sa chèvre :

« Comment, Blanquette, tu veux me quitter ? »

Blanquette répondit :

« Oui, monsieur Seguin.

— Est-ce que l'herbe te manque ici ?

— Oh ! non, monsieur Seguin.

— Tu es peut-être attachée de trop

court; veux-tu que j'allonge la corde?

— Ce n'est pas la peine, monsieur Seguin.

— Alors, qu'est-ce qu'il te faut? Qu'est-ce que tu veux?

— Je veux aller dans la montagne, monsieur Seguin.

— Mais, malheureuse, tu ne sais pas qu'il y a le loup dans la montagne... Que feras-tu quand il viendra?...

— Je lui donnerai des coups de corne, monsieur Seguin.

— Le loup se moque bien de tes cornes. Il m'a mangé des biques autrement encornées que toi... Tu sais bien, la vieille Renaude qui était ici l'an dernier? une maîtresse chèvre, forte et méchante comme un bouc. Elle s'est battue avec le loup toute la nuit... puis le matin le loup l'a mangée.

— Pécaïre! Pauvre Renaude!... Ça ne fait rien, monsieur Seguin, laissez-moi aller dans la montagne.

— Bonté divine! dit M. Seguin...

mais qu'est-ce qu'on leur a donc fait, à mes chèvres ? Encore une que le loup va me manger... Eh bien, non... je te sauverai malgré toi, coquine, et de peur que tu ne rompes la corde, je vais t'enfermer dans l'étable, et tu y resteras toujours. »

Là-dessus M. Seguin emporta la chèvre dans une étable toute noire, dont il ferma la porte à double tour. Malheureusement il avait oublié la fenêtre, et à peine eut-il le dos tourné que la petite s'en alla.

Tu ris, Gringoire ?... Parbleu! je crois bien; tu es du parti des chèvres, toi, contre ce bon monsieur Seguin... Nous allons voir si tu riras tout à l'heure.

Quand la chèvre blanche arriva dans la montagne, ce fut un ravissement général. Jamais les vieux sapins n'avaient rien vu d'aussi joli. On la reçut comme une petite reine. Les châtaigniers se baissaient jusqu'à terre pour la caresser du bout de leurs branches. Les genêts d'or s'ouvraient sur son passage, et sentaient bon tant qu'ils pouvaient. Toute la montagne lui fit fête.

Tu penses, Gringoire, si notre chèvre était heureuse. Plus de corde, plus de pieu, rien qui l'empêchât de gambader, de brouter à sa guise... C'est là qu'il y en avait de l'herbe ! Jusque par-dessus les cornes, mon cher... Et quelle herbe! Savoureuse, fine, dentelée, faite de mille plantes. C'était bien autre chose que le gazon du clos. Et les fleurs donc !... De grandes campanules bleues, des digitales de pourpre à longs calices, toute une forêt de fleurs sauvages débordant de sucs capiteux.

La chèvre blanche, à moitié soûle, se vautrait là-dedans les jambes en l'air et roulait le long des talus, pêle-mêle avec les feuilles tombées et les châtaignes..... Puis tout à coup elle se redressait d'un bond sur ses pattes. Hop ! la voilà partie, la tête en avant, à travers les maquis et les buissières, tantôt sur un pic, tantôt au fond d'un ravin, là-haut, en bas, partout. On aurait dit qu'il y avait dix chèvres de M. Seguin dans la montagne.

C'est qu'elle n'avait peur de rien, la Blanquette.

Elle franchissait d'un saut de grands torrents qui l'éclaboussaient au passage de poussière humide et d'écume. Alors, toute ruisselante, elle allait s'étendre sur quelque roche plate et se faisait sécher au soleil... Une fois, s'avançant au bord d'un plateau, une fleur de cytise aux dents, elle aperçut en bas, tout en bas dans la plaine, la maison de M. Seguin avec le clos derrière. Cela la fit rire aux larmes.

« Que c'est petit! dit-elle; comment ai-je pu tenir là-dedans? »

Pauvrette! de se voir si haut perchée, elle se croyait au moins aussi grande que le monde.

En somme, ce fut une bonne journée

pour la chèvre de M. Seguin. Vers le milieu du jour, en courant de droite et de gauche, elle tomba dans une troupe de chamois en train de croquer une lambrusque, à belles dents. Notre petite coureuse en robe blanche fit sensation. On lui donna la meilleure place à la lambrusque, et tous ces messieurs furent très-galants..... Il paraît même, — ceci doit rester entre nous, Gringoire, — qu'un jeune chamois à pelage noir eut la bonne fortune de plaire à Blanquette. Les deux amoureux s'égarèrent parmi les bois une heure ou deux, et si tu veux savoir ce qu'ils se dirent, va le demander aux sources bavardes qui courent invisibles dans la mousse.

Tout à coup le vent fraîchit. La montagne devint violette ; c'était le soir. « Déjà ! » dit la petite chèvre ; et elle s'arrêta fort étonnée.

En bas, les champs étaient noyés de brume. Le clos de M. Seguin disparaissait dans le brouillard, et de la maisonnette on ne voyait que le toit avec un peu de fumée; elle écouta les clochettes d'un troupeau qu'on ramenait, et se sentit l'âme toute triste... Un gerfaut qui rentrait la frôla de ses ailes en passant. Elle tressaillit... Puis ce fut un long hurlement dans la montagne :

« Hou! hou! »

Elle pensa au loup ; de tout le jour la folle n'y avait pas pensé. Au même moment, une trompe sonna bien loin dans la vallée. C'était ce bon M. Seguin qui tentait un dernier effort.

« Hou! hou!... » faisait le loup.

« Reviens! reviens!... » criait la trompe.

Blanquette eut envie de rentrer ; mais, en se rappelant le pieu, la corde, la haie du clos, elle pensa que maintenant elle ne pourrait plus se faire à cette vie, et qu'il valait mieux rester.

La trompe ne sonnait plus...

La chèvre entendit derrière elle un

bruit de feuilles. Elle se retourna et vit dans l'ombre deux oreilles courtes toutes droites, avec deux yeux qui reluisaient... C'était le loup.

Énorme, immobile, assis sur son train de derrière, il était là, regardant la petite chèvre blanche et la dégustant par avance. Comme il savait bien qu'il la mangerait, le loup ne se pressait pas; seulement, quand elle se retourna, il se mit à rire méchamment : « Ha! ha! la petite chèvre de M. Seguin! » et il passa sa grosse langue rouge sur ses babines d'amadou.

Blanquette se sentit perdue. Un moment, en se rappelant l'histoire de la vieille Renaude, qui s'était battue toute la nuit pour être mangée le matin, elle se dit qu'il vaudrait peut-être mieux se laisser manger tout de suite; puis, s'étant ravisée, elle tomba en garde, la tête basse et la corne en avant, comme une brave chèvre de M. Seguin qu'elle était. Non pas qu'elle eût l'espoir de tuer le loup, — les chèvres ne tuent pas le loup, — mais seulement pour voir si elle pourrait tenir aussi longtemps que la Renaude.

Alors le monstre s'avança, et les petites cornes entrèrent en danse.

Ah! la brave chevrette, comme elle y allait de bon cœur! Plus de dix fois, je ne mens pas, Gringoire, elle força le loup à reculer pour reprendre haleine. Pendant ces trêves d'une minute, la gourmande cueillait en hâte encore un brin de sa chère herbe, puis elle retournait au combat, la bouche pleine... Cela dura toute la nuit. De temps en temps la chèvre de M. Seguin regardait les étoiles danser dans le ciel clair, et elle se disait : « Oh! pourvu que je tienne jusqu'à l'aube! »

L'une après l'autre, les étoiles s'éteignirent. Blanquette redoubla de coups de corne, le loup de coups de dents... Une lueur pâle parut dans l'horizon...

Le chant d'un coq enroué monta d'une métairie. « Enfin! » dit la pauvre bête, qui n'attendait plus que le jour pour mourir ; et elle s'allongea par terre dans sa belle fourrure blanche toute tachée de sang.

Alors le loup se jeta sur la petite chèvre et la mangea.

Adieu, Gringoire.

L'histoire que tu as entendue n'est pas un conte de mon invention. Si jamais tu viens en Provence, nos ménagers te parleront souvent de « *la cabro de moussu Seguin, que se battégué touto la niue emé lou loup, et piei lou matin lou loup la mangé* *. »

Tu m'entends bien, Gringoire ?

« *E piei lou matin lou loup la mangé.* »

---

* La chèvre de M. Séguin, qui se battit toute la nuit avec le loup, et puis le matin le loup l'a mangée.

XIX

LE PAPE EST MORT

J'ai passé mon enfance dans une grande ville de province coupée en deux par une rivière très-encombrée, très-remuante, où j'ai pris de bonne heure le goût des voyages et la passion de la vie sur l'eau. Il y a surtout un coin de quai, près d'une certaine passerelle Saint-Vincent, auquel je ne pense jamais, même aujourd'hui, sans émotion. Je revois l'écriteau cloué au bout d'une vergue : *Cornet, bateaux de louage,* le petit escalier qui s'enfonçait dans l'eau, tout glissant et noirci de mouillure, la flottille de petits canots fraîchement peints de couleurs vives, s'alignant au bas de l'échelle, se balançant doucement bord à bord, comme allégés par les jolis noms qu'ils portaient à leur arrière en lettres blanches : *l'Oiseau-Mouche, l'Hirondelle.*

Puis, parmi les longs avirons reluisants de céruse qui étaient en train de sécher contre le talus, le père Cornet s'en allant avec son seau à peinture, ses grands pinceaux, sa figure tannée, crevassée, ridée de mille petites fossettes comme la rivière un soir de vent frais... Oh! ce père Cornet! Ç'a été le satan de mon enfance, ma passion douloureuse, mon péché, mon remords. M'en a-t-il fait commettre des crimes avec ses canots! Je manquais l'école, je vendais mes livres. Qu'est-ce que je n'aurais pas vendu pour une après-midi de canotage!

Tous mes cahiers de classe au fond du bateau, la veste à bas, le chapeau en arrière, et dans les cheveux le bon coup d'éventail de la brise d'eau, je tirais ferme sur mes rames, en fronçant les sourcils pour bien me donner la tournure d'un vieux loup de mer. Tant que j'étais en ville, je tenais le milieu de la rivière, à égale distance des deux rives, où le vieux loup de mer aurait pu être reconnu. Quel triomphe de me mêler à ce grand mouvement de barques, de radeaux, de trains de bois, de mouches à vapeur qui se côtoyaient, s'évitaient, séparés seulement par un mince liséré d'écume ! Il y avait de lourds bateaux qui tournaient pour prendre le courant, et cela en déplaçait une foule d'autres.

Tout à coup les roues d'un vapeur battaient l'eau près de moi ; ou bien une ombre lourde m'arrivait dessus, c'était l'avant d'un bateau de pommes.

« Gare donc, moucheron ! » me criait une voix enrouée; et je suais, je me débattais, empêtré dans le va-et-vient de cette vie du fleuve que la vie de la rue traversait incessamment par tous ces ponts, toutes ces passerelles qui mettaient des reflets d'omnibus sous la coupe des avirons. Et le courant si dur à la pointe des arches, et les remous, les tourbillons, le fameux trou de la *Mort-qui-trompe !* Pensez que ce n'était pas une petite affaire de se guider là-dedans avec des bras de douze ans et personne pour tenir la barre.

Quelquefois j'avais la chance de rencontrer la *chaîne*. Vite je m'accrochais tout au bout de ces longs trains de bateaux qu'elle remorquait, et, les rames immobiles, étendues comme des ailes qui planent, je me laissais aller à cette vitesse silencieuse qui coupait la rivière en longs rubans d'écume et faisait filer des deux côtés les arbres, les maisons du quai. Devant moi, loin, bien loin, j'entendais le battement monotone de l'hélice, un chien qui aboyait sur un des bateaux de la remorque où montait d'une cheminée basse un petit filet de fumée ; et tout cela me donnait l'illusion d'un grand voyage, de la vraie vie de bord.

Malheureusement ces rencontres de la *chaine* étaient rares. Le plus souvent il fallait ramer, et ramer aux heures de soleil. Oh ! les pleins midis tombant d'aplomb sur la rivière, il me semble qu'ils me brûlent encore. Tout flambait, tout miroitait. Dans cette atmosphère aveuglante et sonore qui flotte au-dessus des vagues et vibre à tous les mouvements, les courts plongeons de mes rames, les cordes des haleurs soulevées de l'eau toutes ruisselantes faisaient passer des lumières vives d'argent poli. Et je ramais en fermant les yeux. Par moment, à la vigueur de mes efforts, à l'élan de l'eau sous ma barque, je me figurais que j'allais très-vite ; mais, en relevant la tête, je voyais toujours le même arbre, le même mur en face de moi sur la rive.

Enfin, à force de fatigues, tout moite et rouge de chaleur, je parvenais à sortir de la ville. Le vacarme des bains froids, des bateaux de blanchisseuses, des pontons d'embarquement diminuait. Les ponts s'espaçaient sur la rive élargie. Quelques jardins de faubourg, une cheminée d'usine, s'y reflétaient de loin en loin. A l'horizon tremblaient des îles vertes. Alors, n'en pouvant plus, je venais me ranger contre la rive, au milieu des roseaux tout bourdonnants; et là, abasourdi par le soleil, la fatigue, cette chaleur lourde qui montait de l'eau étoilée de larges fleurs jaunes, le vieux loup de mer se mettait à saigner du nez pendant des heures. Jamais mes voyages n'avaient un autre dénouement. Mais que voulez-vous? Je trouvais cela délicieux.

Le terrible, par exemple, c'était le retour, la rentrée. J'avais beau revenir à toutes rames, j'arrivais toujours trop tard, longtemps après la sortie des classes. L'impression du jour qui tombe, les premiers becs de gaz dans le brouillard, la retraite, tout augmentait mes transes, mon remords. Les gens qui passaient, rentrant chez eux bien tranquilles, me faisaient envie ; et je courais la tête lourde, pleine de soleil et d'eau, avec des ronflements de coquillages au fond des oreilles, et déjà sur la figure le rouge du mensonge que j'allais dire.

Car il en fallait un chaque fois pour faire tête à ce terrible « d'où viens-tu ? » qui m'attendait en travers de la porte. C'est cet interrogatoire de l'arrivée qui m'épouvantait le plus. Je devais répondre là, sur le palier, au pied levé, avoir toujours une histoire prête, quelque chose à dire, et de si étonnant, de si renversant, que la surprise coupât court à toutes les questions. Cela me donnait le temps d'entrer, de reprendre haleine ; et, pour en arriver là, rien ne me coûtait. J'inventais des sinistres, des révolutions, des choses terribles, tout un côté de la ville qui brûlait, le pont du chemin de fer s'écroulant dans la rivière. Mais ce que je trouvai encore de plus fort, le voici :

Ce soir-là, j'arrivai très en retard. Ma mère, qui m'attendait depuis une grande heure, guettait, debout, en haut de l'escalier.

« D'où viens-tu ? » me cria-t-elle.

Dites-moi ce qu'il peut tenir de diableries dans une tête d'enfant. Je n'avais rien trouvé, rien préparé. J'étais venu trop vite... Tout à coup il me passa une idée folle. Je savais la chère femme très-pieuse, catholique enragée comme une Romaine, et je lui répondis dans tout l'essoufflement d'une grande émotion :

« O maman... Si vous saviez !...

— Quoi donc ?... Qu'est-ce qu'il y a encore ?

— Le pape est mort.

— Le pape est mort !... » fit la pauvre mère, et elle s'appuya toute pâle contre la muraille. Je passai vite dans ma chambre, un peu effrayé de mon succès et de l'énormité du mensonge ; pourtant j'eus le courage de le soutenir jusqu'au bout. Je me souviens d'une soirée funèbre et douce ; le père très-grave, la mère atterrée. On causait bas autour de la table. Moi, je baissais les yeux ; mais mon escapade s'était si bien perdue dans la désolation générale que personne n'y pensait plus.

Chacun citait à l'envi quelque trait de vertu de ce pauvre Pie IX ; puis, peu à peu, la conversation s'égarait à travers l'histoire des papes. Tante Rose parla de Pie VII, qu'elle se souvenait très-bien d'avoir vu passer dans le Midi, au fond d'une chaise de poste, entre des gendarmes. On rappela la fameuse scène avec l'empereur : *Comediante!... tragediante!...* C'était bien la centième fois que je l'entendais raconter, cette terrible scène, toujours avec les mêmes intonations, les mêmes gestes, et ce stéréotypé des traditions de famille qu'on se lègue et qui restent là, puériles et locales, comme des histoires de couvent.

C'est égal, jamais elle ne m'avait paru si intéressante.

Je l'écoutais avec des soupirs hypocrites, des questions, un air de faux intérêt, et tout le temps je me disais :

« Demain matin, en apprenant que le pape n'est pas mort, ils seront si contents que personne n'aura le courage de me gronder. »

Tout en pensant à cela, mes yeux se fermaient malgré moi, et j'avais des visions de petits bateaux peints en bleu, avec des coins de Saône alourdis par la chaleur, et de grandes pattes d'*argyronètes* courant dans tous les sens et rayant l'eau vitreuse, comme des pointes de diamant.

XX

LES SAUTERELLES

La nuit de mon arrivée dans cette ferme d'Algérie, je ne pus pas dormir. Le pays nouveau, l'agitation du voyage, les aboiements des chacals, puis une chaleur énervante, oppressante, un étouffement complet, comme si les mailles de la moustiquaire n'avaient pas laissé passer un souffle d'air... Quand j'ouvris ma fenêtre, au petit jour, une brume d'été, lourde, lentement remuée, frangée aux bords de noir et de rose, flottait dans l'air, comme un nuage de poudre sur un champ de bataille. Pas une feuille ne bougeait, et dans ces beaux jardins que j'avais sous les yeux, les vignes espacées sur les pentes au grand soleil qui fait les vins sucrés, les fruits d'Europe abrités dans un coin d'ombre, les petits orangers, les mandariniers en longues files microscopiques, tout gardait le même aspect morne, cette immobilité des feuilles attendant l'orage. Les bananiers eux-mêmes, ces grands roseaux vert tendre, toujours agités par quelque souffle qui emmêle leur fine chevelure si légère, se dressaient silencieux et droits, en panaches réguliers.

Je restai un moment à regarder cette plantation merveilleuse où tous les arbres du monde se trouvaient réunis, donnant chacun dans leur saison, leurs fleurs et leurs fruits dépaysés. Entre les champs de blé et les massifs de chênes-liéges, un cours d'eau luisait, rafraîchissant à voir par cette matinée étouffante ; et, tout en admirant le luxe et l'ordre de ces choses, cette belle ferme avec ses arcades mauresques, ses terrasses toutes blanches d'aube, les écuries et les hangars groupés autour, je songeais qu'il y a vingt ans, quand ces braves gens étaient venus s'installer dans ce vallon du Sahel, ils n'avaient trouvé qu'une méchante baraque de cantonnier, une terre inculte hérissée de palmiers-nains et de lentisques. Tout à créer, tout à construire. A chaque instant des révoltes d'Arabes. Il fallait laisser la charrue pour faire le coup de feu. Ensuite les maladies, les ophthalmies, les fièvres, les récoltes manquées, les tâtonnements de l'inexpérience, la lutte avec une administration bornée, toujours flottante. Que d'efforts! Que de fatigues! Quelle surveillance incessante!

Encore maintenant, malgré les mauvais temps finis et la fortune si chèrement gagnée, tous deux, l'homme et la femme, étaient les premiers levés à la ferme. A cette heure matinale je les entendais aller et venir dans les grandes cuisines du rez-de-chaussée, surveildant le café des travailleurs. Bientôt une cloche sonna, et au bout d'un moment les ouvriers défilèrent sur la route. Des vignerons de Bourgogne, des laboureurs kabyles en guenilles, coiffés d'une chechia rouge ; des terrassiers mahonais, les jambes nues, des Maltais, des Lucquois, tout un peuple disparate, difficile à conduire. A chacun d'eux le fermier, debout devant la porte, distribuait sa tâche de la journée d'une voix brève, un peu rude. Quand il eut fini, le brave homme leva la tête, scruta le ciel d'un air inquiet ; puis m'apercevant à la fenêtre :

— Mauvais temps pour la culture, me dit-il... voilà le sirocco.

En effet, à mesure que le soleil se levait, des bouffées d'air, brûlantes, suffocantes, nous arrivaient du sud comme de la porte d'un four ouverte et refermée. On ne savait où se mettre, que devenir. Toute la matinée se passa ainsi. Nous prîmes du café sur les nattes de la galerie, sans avoir le courage de parler ni de bouger. Les chiens allongés, cherchant la fraîcheur des dalles, s'étendaient dans des poses accablées. Le déjeuner nous remit un peu, un déjeuner plantureux et singulier où il y avait des carpes, des truites, du sanglier, du hérisson, le beurre de Staouëli, les vins de Crescia, des goyaves, des bananes, tout un dépaysement de mets qui ressemblait bien à la nature si complexe dont nous étions entourés... On allait se lever de table. Tout à coup, à la porte-fenêtre fermée pour nous garantir de la chaleur du jardin en fournaise, de grands cris retentirent : « Les sauterelles ! »

Mon hôte devint tout pâle comme un homme à qui on annonce un désastre, et nous sortîmes précipitamment. Pendant dix minutes, ce fut dans l'habitation, si calme tout à l'heure, un bruit de pas précipités, de voix indistinctes, perdues dans l'agitation d'un réveil. De l'ombre des vestibules où ils s'étaient endormis, les serviteurs s'élancèrent dehors en faisant résonner avec des bâtons, des fourches, des fléaux, tous les ustensiles de métal qui leur tombaient sous la main, des chaudrons de cuivre, des bassines, des casseroles. Les bergers soufflaient dans leurs trompes de pâturage. D'autres avaient des conques marines, des cors de chasse. Cela faisait un vacarme effrayant, discordant, que dominaient d'une note suraiguë les « You! you! you! » des femmes arabes accourues d'un douar voisin. Souvent, paraît-il, il suffit d'un grand bruit, d'un frémissement sonore de l'air, pour éloigner les sauterelles, les empêcher de descendre.

Mais où étaient-elles donc, ces terribles bêtes? Dans le ciel vibrant de chaleur, je ne voyais rien qu'un nuage venant à l'horizon, cuivré, compacte comme un nuage de grêle, avec le bruit d'un vent d'orage dans les mille rameaux

d'une forêt. C'étaient les sauterelles.
Soutenues entre elles par leurs ailes
sèches étendues, elles volaient en masse,
et malgré nos cris, nos efforts, le nuage
s'avançait toujours, projetant dans la
plaine une ombre immense. Bientôt il
arriva au dessus de nos têtes; sur les
bords on vit pendant une seconde un
effrangement, une déchirure. Comme les
premiers grains d'une giboulée, quelques-
unes se détachèrent, distinctes, rous-
sâtres, ensuite toute la nuée creva, et
cette grêle d'insectes tomba drue et
bruyante. A perte de vue les champs
étaient couverts de criquets, de criquets
énormes, gros comme le doigt.

Alors le massacre commença. Hideux
murmure d'écrasement, de paille broyée.
Avec les herses, les pioches, les charrues, on remuait ce sol mouvant; et
plus on en tuait, plus il y en avait.
Elles grouillaient par couches, leurs
hautes pattes enchevêtrées; celles du
dessus faisant des bonds de détresse,

sautant au nez des chevaux attelés pour cet étrange labour. Les chiens de la ferme, ceux du douar, lancés à travers champs, se ruaient sur elles, les broyaient avec fureur. A ce moment, deux compagnies de turcos, clairons en tête, arrivèrent au secours des malheureux colons, et la tuerie changea d'aspect.

Au lieu d'écraser les sauterelles, les soldats les flambaient en répandant de longues tracées de poudre.

Fatigué de tuer, écœuré par l'odeur infecte, je rentrai. A l'intérieur de la ferme, il y en avait presque autant que dehors. Elles étaient entrées par les ouvertures des portes, des fenêtres, la baie des cheminées. Au bord des boiseries, dans les rideaux déjà tout mangés, elles se traînaient, tombaient, volaient, grimpaient aux murs blancs avec une ombre gigantesque qui doublait leur laideur. Et toujours cette odeur épouvantable. A dîner, il fallut se passer d'eau. Les citernes, les bassins, les puits, les viviers, tout était infecté. Le soir dans ma chambre, où l'on en avait pourtant tué des quantités, j'entendis encore des grouillements sous les meubles, et ce craquement d'élytres semblable au pétillement des gousses qui éclatent à la grande chaleur. Cette nuit-là non plus je ne pus pas dormir. D'ailleurs autour de la ferme tout restait éveillé. Des flammes couraient au ras du sol d'un bout à l'autre de la plaine. Les turcos en tuaient toujours.

Le lendemain, quand j'ouvris ma fenêtre comme la veille, les sauterelles étaient parties; mais quelle ruine elles avaient laissée derrière elles! Plus une fleur, plus un brin d'herbe : tout était noir, rongé, calciné. Les bananiers, les abricotiers, les pêchers, les mandariniers, se reconnaissaient seulement à l'allure de leurs branches dépouillées, sans le charme, le flottant de la feuille qui est la vie de l'arbre. On nettoyait les pièces d'eau, les citernes. Partout des laboureurs creusaient la terre pour tuer les œufs laissés par les insectes. Chaque motte était retournée, brisée soigneusement. Et le cœur se serrait de voir les mille racines blanches, pleines de sève, qui apparaissaient dans ces écroulements de terre fertile.

XXI

WOOD'STOWN

CONTE FANTASTIQUE

L'emplacement était superbe pour bâtir une ville. Il n'y avait qu'à déblayer les bords du fleuve, en abattant une partie de la forêt, de l'immense forêt vierge enracinée là depuis la naissance du monde. Alors abritée tout autour par des collines boisées, la ville descendrait jusqu'aux quais d'un port magnifique, établi dans l'embouchure de la Rivière-Rouge, à quatre milles seulement de la mer.

Dès que le gouvernement de Washington eut accordé la concession, charpentiers et bûcherons se mirent à l'œuvre ; mais vous n'avez jamais vu une forêt pareille. Cramponnée au sol de toutes ses lianes, de toutes ses racines, quand on l'abattait par un bout elle repoussait d'un autre, se rajeunissait de ses blessures ; et chaque coup de hache faisait sortir des bourgeons verts. Les rues, les places de la ville à peine tracées étaient envahies par la végétation. Les murailles grandissaient moins vite que les arbres et, sitôt élevées, croulaient sous l'effort des racines toujours vivantes.

Pour venir à bout de cette résistance où s'émoussait le fer des cognées et des haches, on fut obligé de recourir au feu. Jour et nuit une fumée étouffante emplit l'épaisseur des fourrés, pendant que les grands arbres au-dessus flambaient comme des cierges La forêt essaya de lutter encore, retardant l'incendie avec des flots de séve et la fraîcheur sans air de ses feuillages pressés. Enfin l'hiver arriva. La neige s'abattit comme une seconde mort sur les grands terrains pleins de troncs noircis, de racines consumées. Désormais on pouvait bâtir.

Bientôt une ville immense, toute en bois comme Chicago, s'étendit aux bords de la Rivière-Rouge, avec ses larges rues alignées, numérotées, rayonnant autour des places, sa Bourse, ses halles, ses églises, ses écoles, et tout un attirail maritime de hangars, de douanes, de docks, d'entrepôts, de chantiers de construction pour les navires. La ville de bois, Wood'stown — comme on l'appela, — fut vite peuplée par les essuyeurs de plâtres des villes neuves. Une activité fiévreuse circula dans tous ses quartiers ; mais sur les collines environnantes, dominant les rues pleines de foule et le port encombré de vaisseaux, une masse sombre et menaçante s'étalait en demi-cercle. C'était la forêt qui regardait.

Elle regardait cette ville insolente qui

lui avait pris sa place au bord du fleuve, et trois milles d'arbres gigantesques. Tout Wood'stown était fait avec sa vie à elle. Les hauts mâts qui se balançaient là-bas dans le port, ces toits innombrables abaissés l'un vers l'autre, jusqu'à la dernière cabane du faubourg le plus éloigné, elle avait tout fourni, même les instruments de travail, même les meubles, mesurant seulement ses services à la longueur de ses branches. Aussi quelle rancune terrible elle gardait contre cette ville de pillards !

Tant que l'hiver dura, on ne s'aperçut de rien. Les gens de Wood'stown entendaient parfois un craquement sourd dans leurs toitures, dans leurs meubles. De temps en temps, une muraille se fendait, un comptoir de magasin éclatait en deux bruyamment. Mais le bois neuf est sujet à ces accidents, et personne n'y attachait d'importance. Cependant, aux approches du printemps, — un printemps subit, violent, si riche de séves qu'on en sentait sous terre comme un bruissement de sources, — le sol commença à s'agiter, soulevé par des forces invisibles et actives. Dans chaque maison, les meubles, les parois des murs se gonflèrent, et l'on vit sur les planchers de longues boursouflures comme au passage d'une taupe. Ni portes, ni fenêtres, rien ne marchait plus. — « C'est l'humidité, disaient les habitants. Avec la chaleur, cela passera. »

Tout à coup, au lendemain d'un grand orage venu de la mer, qui apportait l'été dans ses éclairs brûlants et sa pluie tiède, la ville en se réveillant eut un cri de stupeur. Les toits rouges des monuments publics, les clochers des églises, le plancher des maisons et jusqu'au bois des lits, tout était saupoudré d'une teinte verte, mince comme une moisissure, légère comme une dentelle. De près, c'était une quantité de bourgeons microscopiques, où l'enroulement des feuilles se voyait déjà. Cette bizarrerie des pluies amusa sans inquiéter; mais, avant le soir, des bouquets de verdure s'épanouissaient partout sur les meubles, sur les murailles. Les branches poussaient à vue d'œil; légèrement retenues dans la main, on les sentait grandir et se débattre comme des ailes.

Le jour suivant, tous les appartements avaient l'air de serres. Des lianes suivaient les rampes d'escalier. Dans les rues étroites, des branches se joignaient d'un toit à l'autre, mettant au-dessus de la ville bruyante l'ombre des avenues forestières. Cela devenait inquiétant. Pendant que les savants réunis délibéraient sur ce cas de végétation extraordinaire, la foule se pressait dehors pour voir les différents aspects du miracle. Les cris de surprise, la rumeur étonnée de tout ce peuple inactif donnaient de la solennité à cet étrange événement. Soudain quelqu'un cria : « Regardez donc la forêt! » et l'on s'aperçut avec terreur que depuis deux jours le demi-cercle verdoyant s'était beaucoup rapproché. La forêt avait l'air de descendre vers la ville. Toute une avant-garde de ronces, de lianes s'allongeait jusqu'aux premières maisons des faubourgs.

Alors Wood'stown commença à comprendre et à avoir peur. Évidemment la forêt venait reconquérir sa place au bord du fleuve; et ses arbres, abattus, dispersés, transformés, se déprisonnaient pour aller au-devant d'elle. Comment résister à l'invasion ? Avec le feu, on risquait d'embraser la ville entière. Et que pouvaient les haches contre cette sève sans cesse renaissante, ces racines monstrueuses attaquant le sol en dessous, ces milliers de graines volantes qui germaient en se brisant et faisaient pousser un arbre partout où elles tombaient ?

Pourtant tout le monde se mit bravement à l'œuvre avec des faux, des herses, des cognées; et l'on fit un immense abattis de feuillages. Mais en vain. D'heure en heure la confusion des forêts vierges, où l'entrelacement des lianes joint entre elles des pousses gigantesques, envahissait les rues de Wood'stown. Déjà les insectes, les reptiles faisaient irruption. Il y avait des nids dans tous les coins, et de grands coups d'ailes, et des masses de petits becs jaseurs. En une nuit les greniers de la ville furent épuisés par toutes les couvées écloses. Puis, comme une ironie au milieu de ce désastre, des papillons de toutes grandeurs, de toutes couleurs, volaient sur les grappes fleuries, et les abeilles prévoyantes qui cherchent des abris sûrs, au creux de ces arbres si vite poussés installaient leurs rayons de miel comme une preuve de durée.

Vaguement, dans la houle bruyante des feuillages, on entendait les coups sourds des cognées et des haches; mais le quatrième jour tout travail fut reconnu impossible. L'herbe montait trop haute, trop épaisse. Des lianes grimpantes s'accrochaient aux bras des bûcherons, garrottaient leurs mouvements. D'ailleurs les maisons étaient devenues inhabitables ; les meubles, chargés de feuilles, avaient perdu leurs formes. Les plafonds s'effondraient, percés par la lance des yuccas, la longue épine des acajoux ; et à la place des toitures s'étalait le dôme immense des catalpas. C'est fini. Il fallait fuir.

A travers le réseau de plantes et de branches qui se resserraient de plus en plus, les gens de Wood'stown épouvantés se précipitèrent vers le fleuve, emportant le plus qu'ils pouvaient de richesses, d'objets précieux. Mais que de peine pour gagner le bord de l'eau ! Il n'y avait plus de quais. Rien que des roseaux gigantesques. Les chantiers maritimes, où s'abritaient les bois de construction, avaient fait place à des forêts de sapins ; et dans le port tout en fleurs, les navires neufs semblaient des îlots de verdure. Heureusement qu'il se trouvait là quelques frégates blindées sur lesquelles la foule se réfugia et d'où elle put voir la vieille forêt joindre victorieusement la forêt nouvelle.

Peu à peu les arbres confondirent leurs cimes, et, sous le ciel bleu plein de soleil, l'énorme masse de feuillage s'étendit des bords du fleuve à l'horizon lointain. Plus trace de ville, ni de toits, ni de murs. De temps en temps un bruit sourd d'écroulement, dernier écho de la ruine, ou le coup de hache d'un bûcheron enragé, retentissait sous la profondeur du feuillage. Puis plus rien que le silence vibrant, bruissant, bourdonnant, des nuées de papillons blancs tournoyant sur la rivière déserte, et là-bas, vers la haute mer, un navire qui s'enfuyait, trois grands arbres verts dressés au milieu de ses voiles, emportant les derniers émigrés de ce qui fut Wood'stown...

XXII

BALLADES EN PROSE

I

LA MORT DU DAUPHIN

Le petit Dauphin est malade, le petit Dauphin va mourir. Dans toutes les églises du royaume, le Saint-Sacrement demeure exposé nuit et jour et de grands cierges brûlent pour la guérison de l'enfant royal. Les rues de la vieille résidence sont tristes et silencieuses, les cloches ne sonnent plus, les voitures vont au pas. Aux abords du palais, les bourgeois curieux regardent, à travers les grilles, des suisses à bedaines dorées qui causent dans les cours d'un air important.

Tout le château est en émoi. Des chambellans, des majordomes montent et descendent en courant les escaliers de marbre. Les galeries sont pleines de pages et de courtisans en habits de soie qui vont d'un groupe à l'autre quêter des nouvelles à voix basse. Sur les larges perrons, les dames d'honneur éplorées se font de grandes révérences en essuyant leurs yeux avec de jolis mouchoirs brodés.

Dans l'Orangerie, il y a nombreuse assemblée de médecins en robe. On les voit, à travers les vitres, agiter leurs longues manches noires et incliner doctoralement leurs perruques à marteaux... Le gouverneur et l'écuyer du petit Dauphin se promènent devant la porte, attendant les décisions de la Faculté. Des marmitons passent à côté d'eux sans les saluer. M. l'écuyer jure comme un païen, M. le gouverneur récite des vers d'Horace. Et pendant ce temps, là-bas, du côté des écuries, on entend un long hennissement plaintif. C'est l'alezan du petit Dauphin que les palefreniers oublient et qui appelle tristement devant sa mangeoire vide.

Et le roi ! Où est monseigneur le roi ? Le roi s'est enfermé tout seul dans une chambre, au bout du château. Les Majestés n'aiment pas qu'on les voie pleurer ! Pour la reine, c'est autre chose. Assise au chevet du petit Dauphin, elle a son beau visage baigné de larmes, et sanglote bien haut devant tous, comme ferait une drapière.

Dans sa couchette de dentelles, le petit Dauphin, plus blanc que les coussins sur lesquels il est étendu, repose les yeux fermés. On croit qu'il dort ; mais non ! Le petit Dauphin ne dort pas... Il se retourne vers sa mère, et, voyant qu'elle pleure, il lui dit : « Madame la reine, pourquoi pleurez-vous ? Est-ce que vous croyez bonnement comme les autres que je m'en vas mourir? » La reine veut répondre. Les sanglots l'empêchent de parler.

« Ne pleurez donc pas, madame la reine; vous oubliez que je suis le Dauphin, et que les Dauphins ne peuvent pas mourir ainsi... » La reine sanglote encore plus fort, et le petit Dauphin commence à s'effrayer : « Holà! dit-il, je ne veux pas que la mort vienne me prendre, et je saurai bien l'empêcher d'arriver jusqu'ici... Qu'on fasse venir sur l'heure quarante lansquenets très-forts pour monter la garde autour de notre lit! Que cent gros canons veillent nuit et jour, mèche allumée, sous nos fenêtres! Et malheur à la mort, si elle ose s'approcher de nous! »

Pour complaire à l'enfant royal, la reine fait un signe. Sur l'heure, on entend les gros canons qui roulent dans la cour, et quarante grands lansquenets, la pertuisane au poing, viennent se ranger autour de la chambre. Ce sont de vieux soudards à moustaches grises. Le petit Dauphin bat des mains en les voyant. Il en reconnaît un et l'appelle : « Lorrain ! Lorrain ! » Le soudard fait un pas vers le lit. « Je t'aime bien, mon vieux Lorrain... Fais voir un peu ton grand sabre... Si la mort veut me prendre, il faudra la tuer, n'est-ce pas ? » Lorrain répond : « Oui, monseigneur... » Et il a deux grosses larmes qui coulent sur ses joues tannées.

A ce moment, l'aumônier s'approche du petit Dauphin et lui parle longtemps à voix basse en lui montrant un crucifix. Le petit Dauphin l'écoute d'un air fort étonné, puis tout à coup l'interrompant : « Je comprends bien ce que vous me dites, monsieur l'abbé ; mais enfin est-ce que mon petit ami Beppo ne pourrait pas mourir à ma place, en lui donnant beaucoup d'argent ?... » L'aumônier continue à lui parler à voix basse, et le petit Dauphin a l'air de plus en plus étonné.

Quand l'aumônier a fini, le petit Dauphin reprend avec un gros soupir : « Tout ce que vous me dites là est bien triste, monsieur l'abbé, mais une chose me console, c'est que là-haut, dans le paradis des étoiles, je vais être encore le Dauphin... Je sais que le bon Dieu est mon cousin et ne peut pas manquer de me traiter selon mon rang. » Puis il ajoute, en se tournant vers sa mère : « Qu'on m'apporte mes plus beaux habits, mon pourpoint d'hermine blanche et mes escarpins de velours ; je veux me faire brave pour les anges et entrer au paradis en costume de Dauphin. »

Une troisième fois l'aumônier se penche vers le petit Dauphin et lui parle longuement à voix basse... Au milieu de son discours, l'enfant royal l'interrompt avec colère : « Mais alors, crie-t-il, d'être Dauphin, ce n'est rien du tout ! » Et, sans vouloir plus rien entendre, le petit Dauphin se tourne vers la muraille et il pleure amèrement.

II

LE SOUS-PRÉFET AUX CHAMPS

M. le sous-préfet est en tournée. Cocher devant, laquais derrière, la calèche de la sous-préfecture l'emporte majestueusement au concours régional de la Combe-aux-Fées. Pour cette journée mémorable, M. le sous-préfet a mis son bel habit brodé, son petit claque, sa culotte collante à bandes d'argent et son épée de gala à poignée de nacre. Sur ses genoux repose une grande serviette en chagrin gaufré qu'il regarde tristement.

M. le sous-préfet regarde tristement sa serviette en chagrin gaufré ; i songe au fameux discours qu'il va falloir prononcer tout à l'heure devant les habitants de la Combe-aux-Fées... « Mes sieurs et chers administrés... » Mais il a beau tortiller la soie blonde de ses favoris et répéter vingt fois de suite... « Messieurs et chers administrés... » la suite du discours ne vient pas.

La suite du discours ne vient pas. Il fait si chaud dans cette calèche ! A perte de vue, la route de la Combe-aux-Fées poudroie sous le soleil du Midi. L'air est embrasé, et sur les ormeaux du bord du chemin, tout couverts de poussière blanche, des milliers de cigales se répondent d'un arbre à l'autre... Tout à coup M. le sous-préfet tressaille. Là-bas, au pied d'un coteau, il vient d'apercevoir un petit bois de chênes verts qui semble lui faire signe.

Le petit bois de chênes verts semble lui faire signe : « Venez donc par ici, monsieur le sous-préfet, pour composer votre discours, vous serez bien mieux sous mes arbres... » M. le sous-préfet est séduit ; il saute à bas de sa calèche et dit à ses gens de l'attendre, qu'il va composer son discours dans le petit bois de chênes verts.

Dans le petit bois de chênes verts il y a des oiseaux, des violettes, et des sources sous l'herbe fine. Quand ils ont aperçu M. le sous-préfet avec sa belle culotte et sa serviette en chagrin gaufré, les oiseaux ont eu peur et se sont arrêtés de chanter; les sources n'ont plus osé faire de bruit, et les violettes se sont cachées dans le gazon... Tout ce petit monde-là n'a jamais vu de sous-préfet, et se demande à voix basse quel est ce beau seigneur qui se promène en culotte d'argent.

A voix basse, sous la feuillée, on se demande quel est ce beau seigneur en culotte d'argent... Pendant ce temps-là, M. le sous-préfet, ravi du silence et de la fraîcheur du bois, relève les pans de son habit, pose son claque sur l'herbe, et s'assied dans la mousse au pied d'un jeune chêne; puis il ouvre sur ses genoux sa grande serviette en chagrin gaufré et en tire une large feuille de papier-ministre. « C'est un artiste ! » dit la fauvette. « Non, dit le bouvreuil, ce n'est pas un artiste, puisqu'il a une culotte en argent; c'est plutôt un prince. »

« C'est plutôt un prince, dit le bouvreuil. — Ni un artiste, ni un prince, interrompt un vieux rossignol qui a chanté toute une saison dans les jardins de la sous-préfecture... Je sais ce que c'est, c'est un sous-préfet ! » Et tout le petit bois va chuchotant : « C'est un sous-préfet ! c'est un sous-préfet ! » « Comme il est chauve ! » remarque une alouette à grande huppe. Les violettes demandent : « Est-ce que c'est méchant ? »

« Est-ce que c'est méchant ? » demandent les violettes. Le vieux rossignol répond : « Pas du tout ! » Et sur cette assurance, les oiseaux se remettent à chanter, les sources à courir, les violettes à embaumer, comme si le monsieur n'était pas là... Impassible au milieu de tout ce joli tapage, M. le sous-préfet invoque dans son cœur la muse des comices agricoles, et, le crayon levé, commence à déclamer de sa voix de cérémonie : « Messieurs et chers administrés... »

« Messieurs et chers administrés », dit le sous-préfet de sa voix de cérémonie... Un éclat de rire l'interrompt ; il se retourne et ne voit rien qu'un gros pivert qui le regarde en riant, perché sur son claque. Le sous-préfet hausse les épaules et veut continuer son discours ; mais le pivert l'interrompt encore et lui crie de loin : « A quoi bon ! — Comment ! à quoi bon ? » dit le sous-préfet, qui devient tout rouge ; et, chassant d'un geste cette bête effrontée, il reprend de plus belle : « Messieurs et chers administrés. »

« Messieurs et chers administrés, » a repris le sous-préfet de plus belle ; mais alors, voilà les petites violettes qui se haussent vers lui sur le bout de leurs tiges et qui lui disent doucement :

« Monsieur le sous-préfet, sentez-vous comme nous sentons bon ? » Et les sources lui font sous la mousse une musique divine, et dans les branches, au-dessus de sa tête, des tas de fauvettes viennent lui chanter leurs plus jolis airs, et tout le petit bois conspire pour l'empêcher de composer son discours.

Tout le petit bois conspire pour l'empêcher de composer son discours... M. le sous-préfet, grisé de parfums, ivre de musique, essaye vainement de résister au charme nouveau qui l'envahit. Il s'accoude sur l'herbe, dégrafe son bel habit, balbutie encore deux ou trois fois : « Messieurs et chers administrés... messieurs et chers admi..... messieurs et chers... » Puis il envoie les administrés au diable, et la muse des comices agricoles n'a plus qu'à se voiler la face.

Voile-toi la face, ô muse des comices agricoles ! Lorsque, au bout d'une heure, les gens de la sous-préfecture, inquiets de leur maître, sont entrés dans le petit bois, ils ont vu un spectacle qui les a fait reculer d'horreur. M. le sous-préfet était couché sur le ventre, dans l'herbe, débraillé comme un bohême. Il avait mis son habit bas, et, tout en mâchonnant des violettes. M. le sous-préfet faisait des vers.

XXIII

L'ÉLIXIR DU RÉVÉREND PÈRE GAUCHER*

« Buvez ceci, mon voisin ; vous m'en direz des nouvelles. »

Et, goutte à goutte, avec le soin minutieux d'un lapidaire comptant des perles, le curé de Graveson me versa deux doigts d'une liqueur verte, dorée, chaude, étincelante, exquise... J'en eus l'estomac tout ensoleillé.

« C'est l'élixir du Père Gaucher, la joie et la santé de notre Provence, me fit le brave homme d'un air triomphant ; on le fabrique au couvent des Prémontrés, à deux lieues de votre moulin... N'est-ce pas que cela vaut bien toutes

* Lettres de mon moulin.

les chartreuses du monde?... Et si vous saviez comme elle est amusante, l'histoire de cet élixir!... Écoutez plutôt... »

Alors, tout naïvement, sans y entendre malice, dans cette salle à manger de presbytère si candide et si calme avec son Chemin de la croix en petits tableaux et ses jolis rideaux clairs empesés comme des surplis, l'abbé me commença une historiette légèrement sceptique et irrévérencieuse, à la façon d'un conte d'Érasme ou de d'Assoucy :

Il y a vingt ans, les Prémontrés, ou plutôt les pères blancs, comme les appellent nos Provençaux, étaient tombés dans une grande misère ; si vous aviez vu leur maison de ce temps-là, elle vous aurait fait peine.

Le grand mur, la tour Pacôme s'en allaient en morceaux. Tout autour du cloître rempli d'herbes, les colonnettes se fendaient, les saints de pierre croulaient dans leurs niches. Pas un vitrail debout, pas une porte qui tînt. Dans les préaux, dans les chapelles, le vent du Rhône soufflait comme en Camargue, éteignant les cierges, cassant le plomb des vitrages, chassant l'eau des bénitiers. Mais le plus triste de tout, c'était le clocher du couvent, silencieux comme un pigeonnier vide; et les pères, faute d'argent pour s'acheter une cloche, obligés de sonner Matines avec des cliquettes de bois d'amandier.

Pauvres pères blancs! je les vois encore, à la procession de la Fête-Dieu, défilant tristement dans leurs capes rapiécées, pâles, maigres, nourris de *citres* et de pastèques, et derrière eux monseigneur l'abbé, qui venait la tête basse, tout honteux de montrer au soleil sa crosse dédorée et sa mitre de laine blanche mangée des vers. Les dames de la confrérie en pleuraient de pitié dans les rangs, et les gros porte-bannières ricanaient entre eux tout bas en se montrant les pauvres moines : « Les étourneaux vont maigres quand ils vont en troupes. » Le fait est que les infortunés pères blancs en étaient arrivés eux-mêmes à se demander s'ils ne feraient pas mieux de prendre leur vol à travers le monde et de chercher pâture chacun de son côté.

Or, un jour que cette grave question se débattait dans le chapitre, on vint annoncer au prieur que le frère Gaucher demandait à être entendu au conseil... Vous saurez pour votre gouverne que ce frère Gaucher était le bouvier du couvent; c'est-à-dire qu'il passait ses journées à rouler d'arcade en arcade dans le cloître, en poussant devant lui deux vaches étiques qui cherchaient l'herbe aux fentes des pavés. Nourri jusqu'à douze ans par une vieille folle du pays des Baux, qu'on appelait tante Bégon, recueilli depuis chez les moines, le malheureux bouvier n'avait jamais pu rien apprendre qu'à conduire ses bêtes et à réciter son *Pater noster;* encore le disait-il en provençal, car il avait la cervelle dure et l'esprit fin comme une dague de plomb. Fervent chrétien, du reste, quoique un peu visionnaire, à l'aise sous le cilice et se donnant la discipline avec une conviction robuste et des bras !...

Quand on le vit entrer dans la salle du chapitre, simple et balourd, saluant l'assemblée la jambe en arrière, prieur, chanoines, argentier, tout le monde se mit à rire. C'était toujours l'effet que produisait, quand elle arrivait quelque part, cette bonne face grisonnante avec sa barbe de chèvre et ses yeux un peu fous; aussi le frère Gaucher ne s'émut pas :

« Mes révérends, fit-il d'un ton bonasse en tortillant son chapelet de noyaux d'olives, on a bien raison de dire que ce sont les tonneaux vides qui chantent le mieux. Figurez-vous qu'à force de creuser ma pauvre tête déjà si creuse, je crois que j'ai trouvé le moyen de nous tirer tous de peine.

« Voici comment. Vous savez bien tante Bégon, cette brave femme qui me gardait quand j'étais petit (Dieu ait son âme, la vieille coquine ! Elle chantait de bien vilaines chansons après boire). Je vous dirai donc, mes révérends pères, que tante Bégon de son vivant se connaissait aux herbes de montagne autant et mieux qu'un vieux merle de Corse. Voire elle avait composé sur la fin de ses jours un élixir incomparable, en mélangeant cinq ou six espèces de simples que nous allons cueillir ensemble dans les Alpilles. Il y a de belles années de cela; mais je pense qu'avec l'aide de saint Augustin et la permission de notre père abbé je pourrais — en cherchant bien — retrouver la composition de ce mystérieux élixir. Nous n'aurons plus alors qu'à le mettre en bouteilles et à le vendre un peu cher, ce qui permettrait à la communauté de s'enrichir doucettement, comme ont fait nos frères de la Trappe et de la Grande... »

Il n'eut pas le temps de finir. Le prieur s'était levé pour lui sauter au cou. Les chanoines lui prenaient les mains. L'argentier, encore plus ému que tous les autres, lui baisait avec respect le bord tout effrangé de sa cucule... Puis chacun revint à sa chaire pour délibérer, et, séance tenante, le chapitre décida qu'on confierait les vaches au frère Thrasybule, pour que le frère Gaucher pût se donner tout entier à la confection de son élixir.

Comment le bon frère parvint-il à retrouver la recette de tante Bégon ? au prix de quels efforts, au prix de quelles veilles ? L'histoire ne le dit pas. Seulement ce qui est sûr, c'est qu'au bout de six mois l'élixir des pères blancs était déjà très-populaire. Dans tout le Comtat, dans tout le pays d'Arles, pas un mas, pas une grange qui n'eût au fond de sa *dépense*, entre les bouteilles de vin cuit et les jarres d'olives à la picholine, un petit flacon de terre brune cacheté aux armes de Provence, avec un moine en extase sur une étiquette d'argent. Grâce à la vogue de son élixir, la maison des Prémontrés s'enrichit très-rapidement. On releva la tour Pacôme. Le prieur eut une mitre neuve, l'église de jolis vitraux ouvragés, et, dans la fine dentelle du clocher, toute une compagnie de cloches et de clochettes vint s'abattre un beau matin de Pâques, tintant et carillonnant à la grande volée.

Quant au frère Gaucher, ce pauvre frère lai dont les rusticités égayaient tant le chapitre, il n'en fut plus question dans le couvent. On ne connut plus désormais que le révèrend père Gaucher, homme de tête et de grand savoir, qui vivait complétement isolé des occupations si menues et si multiples du cloître, et s'enfermait tout le jour dans sa distillerie, pendant que trente moines battaient la montagne pour lui chercher des herbes odorantes... Cette distillerie, où personne, pas même le prieur, n'avait le droit de pénétrer, était une ancienne chapelle abandonnée, tout au bout du jardin des chanoines. La simplicité des bons pères en avait fait quelque chose de mystérieux et de formidable ; et si par aventure un moinillon hardi et curieux, s'accrochant aux vignes grimpantes, arrivait jusqu'à la rosace du portail, il en dégringolait bien vite, effaré d'avoir vu le père Gaucher, avec sa barbe de nécromant, penché sur ses fourneaux, le pèse-liqueur à la main ; puis, tout autour, des cornues de grès rose, des alambics gigantesques, des serpentins de cristal, tout un encombrement bizarre qui flamboyait ensorcelé dans la lueur rouge des vitraux.

Au jour tombant, quand sonnait le dernier Angelus, la porte de ce lieu de mystère s'ouvrait discrètement, et le révérend se rendait à l'église pour l'office du soir. Il fallait voir quel accueil quand il traversait le monastère! Les frères faisaient la haie sur son passage. On disait : « Chut!... il a le secret!...» L'argentier le suivait et lui parlait la tête basse... Au milieu de ces adulations, le père s'en allait en s'épongeant le front, son tricorne aux larges bords posé en arrière comme une auréole, regardant autour de lui d'un air de complaisance les grandes cours plantées d'orangers, les toits bleus où tournaient les girouettes neuves, et, dans le cloître éclatant de blancheur, — entre les colonnettes élégantes et fleuries, — les chanoines habillés de frais qui défilaient deux par deux avec des mines reposées.

« C'est à moi qu'ils doivent tout cela! » se disait le révérend en lui-même; et chaque fois cette pensée lui faisait monter des bouffées d'orgueil.

Le pauvre homme en fut bien puni. Vous allez voir...

Figurez-vous qu'un soir, pendant l'office, il arriva à l'église dans une agitation extraordinaire : rouge, essoufflé, le capuchon de travers, et si troublé qu'en prenant de l'eau bénite il y trempa ses manches jusqu'au coude. On crut d'abord que c'était l'émotion d'arriver en retard ; mais quand on le vit faire de grandes révérences à l'orgue et aux tribunes au lieu de saluer le maître-autel, traverser l'église en coup de vent, errer dans le chœur pendant cinq minutes pour chercher sa stalle, puis, une fois assis, s'incliner de droite et de gauche en souriant d'un air béat, un murmure d'étonnement courut dans les trois nefs. On chuchotait de bréviaire à bréviaire : « Qu'a donc notre père Gaucher ?... Qu'a donc notre père Gaucher ? » Par deux fois, le prieur, impatienté, fit tomber sa crosse sur les dalles pour commander le silence. Là-bas, au fond du chœur, les psaumes allaient toujours ; mais les répons manquaient d'entrain.

Tout à coup, au beau milieu de l'*Ave verum*, voilà notre père Gaucher qui se renverse dans sa stalle et entonne d'une voix éclatante :

Dans Paris il y a un père blanc,
Patatin, patatan, tarabin, taraban, etc., etc

Consternation générale. Tout le monde se lève. On crie : « Emportez-le... il est possédé ! » Les chanoines se signent. La crosse de monseigneur se démène... Mais le père Gaucher ne voit rien, n'écoute rien, et deux moines vigoureux sont obligés de l'entraîner par la petite porte du chœur, se débattant comme un exorcisé et continuant, de plus belle ses patatin et ses taraban.

Le lendemain, au petit jour, le malheureux était à genoux dans l'oratoire du prieur, et faisait sa *coulpe* avec un ruisseau de larmes : « C'est l'élixir, monseigneur, c'est l'élixir qui m'a surpris, » disait-il en se frappant la poitrine. Et de le voir si marri, si repentant, le bon prieur en était tout ému lui-même :

— Allons, allons, père Gaucher, calmez-vous, tout cela séchera comme la rosée au soleil... Après tout, le scandale n'a pas été aussi grand que vous pensez. Il y a bien eu la chanson qui était un peu... hum! hum!... Enfin il faut espérer que les novices ne l'auront pas entendue. A présent, voyons, dites-moi bien comment la chose vous est arrivée... C'est en essayant l'élixir, n'est-ce pas? Vous aurez eu la main trop lourde... Oui, oui, je comprends... C'est comme le frère Schwartz, l'inventeur de la poudre; vous avez été victime de votre invention... Et dites-moi, mon brave ami, est-il bien nécessaire que vous l'essayiez sur vous-même, ce terrible élixir?

— Malheureusement, oui, monseigneur... l'éprouvette me donne bien la force et le degré de l'alcool; mais pour le fini, pour le velouté, je ne me fie guère qu'à ma langue.

— Ah! très-bien!... mais écoutez encore un peu que je vous dise... Quand vous goûtez ainsi l'élixir par nécessité, est-ce que cela vous semble bon? Y prenez-vous du plaisir?

— Hélas! oui, monseigneur, fit le malheureux père en devenant tout rouge... Voilà deux soirs que je lui trouve un bouquet, un arome... C'est pour sûr le démon qui m'a joué ce vilain tour... Aussi je suis bien décidé désormais à ne plus me servir que de l'éprouvette. Tant pis si la liqueur n'est pas assez fine, si elle ne fait pas assez la perle...

— Gardez-vous-en bien, interrompit le prieur avec vivacité. Il ne faut pas s'exposer à mécontenter la clientèle... Tout ce que vous avez à faire maintenant que vous voilà prévenu, c'est de vous tenir sur vos gardes... Voyons, qu'est-ce qu'il vous faut pour vous rendre compte?... Quinze ou vingt gouttes, n'est-ce pas?... mettons vingt gouttes. Le diable sera bien fin s'il vous attrape avec vingt gouttes... D'ailleurs, pour prévenir tout accident, je vous dispense dorénavant de venir à l'église. Vous direz l'office du soir dans la distillerie... Et maintenant allez en paix, mon révérend, et surtout... comptez bien vos gouttes.

Hélas! le pauvre révérend eut beau compter ses gouttes. Le démon le tenait, et ne le lâcha plus.

C'est la distillerie qui entendit de singuliers offices !

Le jour encore tout allait bien. Le père était assez calme ; il préparait ses réchauds, ses alambics, triait soigneusement ses herbes, toutes herbes de Provence, fines, grises, dentelées, brûlées de parfums et de soleil. Mais, le soir, quand les simples étaient infusés et que l'élixir tiédissait dans de grandes bassines de cuivre rouge, le martyre du pauvre homme commençait.

«..... Dix-sept... dix-huit... dix-neuf...

vingt !... » Les gouttes tombaient du chalumeau dans le gobelet de vermeil. Ces vingt-là, le père les avalait d'un trait, presque sans plaisir. Il n'y avait que la vingt-unième qui lui faisait envie. Oh! cette vingt-unième goutte!... Alors, pour échapper à la tentation, il allait s'agenouiller tout au bout du laboratoire et s'abîmait dans ses patenôtres. Mais de la liqueur encore chaude il montait une petite fumée toute chargée d'aromates qui venait rôder autour de lui, et bon gré mal gré le ramenait vers les bassines... La liqueur était d'un beau vert doré... Penché dessus, les narines ouvertes, le père la remuait tout doucement avec son chalumeau, et dans les petites paillettes étincelantes que roulait le flot d'émeraude, il lui semblait voir les yeux de malice de tante Bégon qui riaient et pétillaient en le regardant. « Allons ! encore une goutte ! » Et de goutte en goutte l'infortuné finissait par avoir son gobelet plein jusqu'au bord. Alors, à bout de force, il se laissait tomber dans un grand fauteuil, et, le corps abandonné, la paupière à demi close, il dégustait son péché par petits coups, en se disant tout bas avec un remords délicieux : « Ah ! je me damne... je me damne... » Le plus terrible, c'est qu'au fond de cet élixir diabolique, il retrouvait, par je ne sais quel sortilége, toutes les vilaines chansons de tante Bégon : « *Ce sont trois petites commères, qui parlent de faire un banquet,* ou : *Bergerette de maître André s'en va-t-au bois seulette,* et toujours la fameuse des Pères blancs *Patatin patatan.*

Pensez quelle confusion le lendemain, quand ses voisins de cellule lui faisaient d'un air malin : « Hé ! hé ! père Gaucher, vous aviez des cigales en tête, hier soir en vous couchant. » Alors c'étaient des larmes, des désespoirs, et le jeûne, et le cilice, et la discipline. Mais rien ne pouvait contre le démon de l'élixir ;

et tous les soirs, à la même heure, la possession recommençait.

Pendant ce temps, les commandes pleuvaient sur l'abbaye que c'était une bénédiction. Il en venait de Nîmes, d'Aix, d'Avignon, de Marseille... De jour en jour le couvent prenait un petit air de manufacture. Il y avait des frères emballeurs, des frères étiqueteurs, d'autres pour les écritures, d'autres pour le camionnage ; le service de Dieu y perdait bien par-ci par-là quelques coups de cloches ; mais les pauvres gens du pays n'y perdaient rien, je vous en réponds...

Et donc, un beau dimanche matin, pendant que l'argentier lisait en plein chapitre son inventaire de fin d'année et que les bons chanoines l'écoutaient les yeux brillants et le sourire aux lèvres, voilà le père Gaucher qui se précipite au milieu de la conférence en criant : « C'est fini... Je n'en fais plus... Rendez-moi mes vaches. »

« Qu'est-ce qu'il y a donc, père Gaucher? demanda le prieur, qui se doutait bien un peu de ce qu'il y avait.

— Ce qu'il y a, monseigneur?... Il y a que je suis en train de me préparer une belle éternité de flammes et de coups de fourche... Il y a que je bois, que je bois comme un misérable...

— Mais je vous avais dis de compter vos gouttes.

— Ah ! bien oui, compter mes gouttes; c'est par gobelets qu'il faudrait compter maintenant... Oui, mes révérends, j'en suis là. Trois fioles par soirées... Vous comprenez bien que cela ne peut pas durer... Aussi faites faire l'élixir par qui vous voudrez... Que le feu de Dieu me brûle si je m'en mêle encore ! »

C'est le chapitre qui ne riait plus.

« Mais, malheureux, vous nous ruinez ! criait l'argentier en agitant son grand livre.

— Préférez-vous que je me damne ?...

Pour lors, le prieur se leva :

« Mes révérends, dit-il en étendant sa belle main blanche où luisait l'anneau pastoral, il y a moyen de tout arranger... C'est le soir, n'est-ce pas, mon cher fils, que le démon vous tente ?...

— Oui, monsieur le prieur, régulièrement tous les soirs... Aussi maintenant quand je vois arriver la nuit, j'en ai, sauf votre respect, les sueurs qui me prennent comme l'âne de Capitou quand il voyait venir le bât.

— Eh bien ! rassurez-vous... Dorénavant, tous les soirs, à l'office, nous réciterons à votre intention l'oraison de saint Augustin, à laquelle l'indulgence plénière est attachée... Avec cela, quoi qu'il arrive, vous êtes à couvert... C'est l'absolution pendant le péché.

— Oh ! bien alors, merci, monsieur le prieur. » Et, sans en demander davantage, le père Gaucher retourna à ses alambics, aussi léger qu'une alouette.

Effectivement, à partir de ce moment-là, tous les soirs, à la fin des complies, l'officiant ne manquait jamais de dire : « Prions pour notre pauvre père Gaucher, qui sacrifie son âme aux intérêts de la communauté... *Oremus, Domine...* » Et pendant que sur toutes ces capuches blanches prosternées dans l'ombre des nefs l'oraison courait en frémissant comme une petite bise sur la neige, là-bas, tout au bout du couvent, derrière le vitrage enflammé de la distillerie, on entendait le père Gaucher qui chantait à tue-tête :

> Dans Paris il y a un père blanc,
> Patatin, patatan, tarabin, taraban ;
> Dans Paris il y a un père blanc
>   Qui fait danser des moinettes,
>   Trin, trin, trin, dans un jardin ;
>   Qui fait danser des...

... Ici le bon curé s'arrêta plein d'épouvante : « Miséricorde ! si mes paroissiens m'entendaient !... »

DEUXIÈME PARTIE

L'HISTOIRE

CONTES CHOISIS

XXIV

LA DERNIÈRE CLASSE

RÉCIT D'UN PETIT ALSACIEN

Ce matin-là j'étais très-en retard pour aller à l'école, et j'avais grand'peur d'être grondé, d'autant que M. Hamel nous avait dit qu'il nous interrogerait sur les participes, et je n'en savais pas le premier mot. Un moment l'idée me vint de manquer la classe et de prendre ma course à travers champs.

Le temps était si chaud, si clair !

On entendait les merles siffler à la lisière du bois, et dans le pré Rippert, derrière la scierie, les Prussiens qui faisaient l'exercice. Tout cela me tentait bien plus que la règle des participes; mais j'eus la force de résister, et je courus bien vite vers l'école.

En passant devant la mairie, je vis qu'il y avait du monde arrêté près du petit grillage aux affiches. Depuis deux ans, c'est de là que nous sont venues toutes les mauvaises nouvelles, les batailles perdues, les réquisitions, les ordres de la commandature ; et je pensai sans m'arrêter :

« Qu'est-ce qu'il y a encore? »

Alors, comme je traversais la place en courant, le forgeron Wachter, qui était là avec son apprenti en train de lire l'affiche, me cria :

— « Ne te dépêche pas tant, petit; tu y arriveras toujours assez tôt, à ton école! »

Je crus qu'il se moquait de moi, et j'entrai tout essoufflé dans la petite cour de M. Hamel.

D'ordinaire, au commencement de la classe, il se faisait un grand tapage qu'on entendait jusque dans la rue, les pupitres ouverts, fermés, les leçons qu'on répétait très-haut tous ensemble en se bouchant les oreilles pour mieux apprendre, et la grosse règle du maître qui tapait sur les tables :

« Un peu de silence! »

Je comptais sur tout ce train pour gagner mon banc sans être vu; mais justement ce jour-là tout était tranquille, comme un matin de dimanche. Par la fenêtre ouverte, je voyais mes camarades déjà rangés à leur place, et M. Hamel, qui passait et repassait avec la terrible règle en fer sous le bras. Il fallut ouvrir la porte et entrer au milieu de ce grand calme. Vous pensez, si j'étais rouge et si j'avais peur!

Eh bien, non. M. Hamel me regarda sans colère et me dit très-doucement :

« Va vite à ta place, mon petit Frantz; nous allions commencer sans toi. »

J'enjambai le banc et je m'assis tout de suite à mon pupitre. Alors seulement, un peu remis de ma frayeur, je remarquai que notre maître avait sa belle redingote verte, son jabot plissé fin et la calotte de soie noire brodée qu'il ne mettait que les jours d'inspection ou de distribution de prix. Du reste, toute la classe avait quelque chose d'extraordinaire et de solennel. Mais ce qui me surprit le plus, ce fut de voir au fond de la salle, sur les bancs qui restaient vides d'habitude, les gens du village assis et silencieux comme nous, le vieux Hauser avec son tricorne, l'ancien maire, l'ancien facteur, et puis d'autres personnes encore. Tout ce monde-là, paraissait triste ; et Hauser avait apporté un vieil abécédaire mangé aux bords qu'il tenait grand ouvert sur ses genoux, avec ses grosses lunettes posées en travers des pages.

Pendant que je m'étonnais de tout cela, M. Hamel était monté dans sa chaire, et, de la même voix douce et grave dont il m'avait reçu, il nous dit :

« Mes enfants, c'est la dernière fois que je vous fais la classe. L'ordre est venu de Berlin de ne plus enseigner que l'allemand dans les écoles de l'Alsace et de la Lorraine... Le nouveau maître arrive demain. Aujourd'hui c'est votre dernière leçon de français. Je vous prie d'être bien attentifs. »

Ces quelques paroles me bouleversèrent. Ah! les misérables, voilà ce qu'ils avaient affiché à la mairie :

Ma dernière leçon de français !

Et moi qui savais à peine écrire ! Je n'apprendrais donc jamais ! Il faudrait donc en rester là ! Comme je m'en voulais maintenant du temps perdu, des classes manquées à courir les nids ou à faire des glissades sur la Saar! Mes livres que tout à l'heure encore je trouvais si ennuyeux, si lourds à porter, ma grammaire, mon histoire sainte, me semblaient à présent de vieux amis qui me feraient beaucoup de peine à quitter. C'est comme M. Hamel. L'idée qu'il allait partir, que je ne le verrais plus, me faisait oublier les punitions, les coups de règle.

Pauvre homme!

C'est en l'honneur de cette dernière classe qu'il avait mis ses beaux habits du dimanche, et maintenant je comprenais pourquoi ces vieux du village étaient venus s'asseoir au bout de la salle. Cela semblait dire qu'ils regrettaient de ne pas y être venus plus souvent, à cette école. C'était aussi comme une façon de remercier notre maître de ses quarante ans de bons services, et de rendre leurs devoirs à la patrie qui s'en allait.

J'en étais là de mes réflexions, quand j'entendis appeler mon nom. C'était mon tour de réciter. Que n'aurais-je pas donné pour pouvoir dire tout au long cette fameuse règle des participes, bien haut, bien clair, sans une faute! mais je m'embrouillai aux premiers mots, et je restai debout à me balancer dans mon banc, le cœur gros, sans oser lever la tête. J'entendais M. Hamel qui me parlait :

« Je ne te gronderai pas, mon petit Frantz, tu dois être assez puni. Voilà ce que c'est. Tous les jours on se dit : Bah ! j'ai bien le temps. J'apprendrai demain. Et puis tu vois ce qui arrive... Ah ! ç'a été le grand malheur de notre Alsace de toujours remettre son instruction à demain. Maintenant ces gens-là sont en droit de nous dire : Comment ! Vous prétendiez être Français, et vous ne savez ni parler ni écrire votre langue !... Dans tout ça, mon pauvre Frantz, ce n'est pas encore toi le plus coupable. Nous avons tous notre bonne part de reproches à nous faire.

« Vos parents n'ont pas assez tenu à vous voir instruits. Ils aimaient mieux vous envoyer travailler à la terre ou aux filatures pour avoir quelques sous de plus. Moi-même, n'ai-je rien à me reprocher? Est-ce que je ne vous ai pas souvent fait arroser mon jardin au lieu de travailler? Et quand je voulais aller pêcher des truites, est-ce que je me gênais pour vous donner congé?... »

Alors, d'une chose à l'autre, M. Hamel se mit à nous parler de la langue française, disant que c'était la plus belle langue du monde, la plus claire, la plus solide, qu'il fallait la garder entre nous et ne jamais l'oublier, parce que quand un peuple tombe esclave, tant qu'il tient bien sa langue, c'est comme s'il tenait la clef de sa prison [*]. Puis il prit une grammaire et nous lut notre leçon. J'étais étonné de voir comme je comprenais. Tout ce qu'il disait me semblait facile, facile. Je crois aussi que je n'avais jamais si bien écouté, et que lui non plus n'avait jamais mis autant de

---

[*] « S'il tient sa langue, — il tient la clé qui de ses chaînes le délivre. »

F. MISTRAL.

patience à ses explications. On aurait dit qu'avant de s'en aller le pauvre homme voulait nous donner tout son savoir, nous le faire entrer dans la tête d'un seul coup.

La leçon finie, on passa à l'écriture. Pour ce jour-là, M. Hamel nous avait préparé des exemples tout neufs, sur lesquels était écrit en belle ronde : *France, Alsace, France, Alsace.* Cela faisait comme des petits drapeaux qui flottaient tout autour de la classe pendus à la tringle de nos pupitres. Il fallait voir comme chacun s'appliquait, et quel silence! On n'entendait que le grincement des plumes sur le papier. Un moment des hannetons entrèrent; mais personne n'y fit attention, pas même les tous petits qui, s'appliquaient à tracer leurs *bâtons* avec un cœur, une conscience, comme si cela encore était du français... Sur la toiture de l'école, des pigeons roucoulaient tout bas, et je me disais en les écoutant :

« Est-ce qu'on ne va pas les obliger à chanter en allemand, eux aussi ? »

De temps en temps, quand je levais les yeux de dessus ma page, je voyais M. Hamel immobile dans sa chaire et fixant les objets autour de lui, comme s'il avait voulu emporter dans son regard toute sa petite maison d'école... Pensez! depuis quarante ans, il était là à la même place, avec sa cour en face de lui et sa classe toute pareille. Seulement les bancs, les pupitres s'étaient polis, frottés par l'usage; les noyers de la cour avaient grandi, et le houblon qu'il avait planté lui-même enguirlandait maintenant les fenêtres jusqu'au toit. Quel crève-cœur ça devait être pour ce pauvre homme de quitter toutes ces choses, et d'entendre sa sœur qui allait, venait, dans la chambre au-dessus, en train de fermer leurs malles! car ils devaient partir le lendemain, s'en aller du pays pour toujours.

Tout de même il eut le courage de

nous faire la classe jusqu'au bout. Après l'écriture, nous eûmes la leçon d'histoire ; ensuite les petits chantèrent le BA BE BI BO BU. Là-bas au fond de la salle, le vieux Hauser avait mis ses lunettes, et, tenant son abécédaire à deux mains, il épelait les lettres avec eux. On voyait qu'il s'appliquait, lui aussi ; sa voix tremblait d'émotion, et c'était si drôle de l'entendre, que nous avions tous envie de rire et de pleurer. Ah ! je m'en souviendrai de cette dernière classe...

Tout à coup l'horloge de l'église sonna midi, puis l'Angelus. Au même moment, les trompettes des Prussiens qui revenaient de l'exercice éclatèrent sous nos fenêtres... M. Hamel se leva, tout pâle, dans sa chaire. Jamais il ne m'avait paru si grand.

« Mes amis, dit-il, mes amis, je... je... »

Mais quelque chose l'étouffait. Il ne pouvait pas achever sa phrase.

Alors il se tourna vers le tableau, prit un morceau de craie, et, en appuyant de toutes ses forces, il écrivit aussi gros qu'il put :

« Vive la France ! »

Puis il resta là, la tête appuyée au mur, et, sans parler, avec sa main il nous faisait signe :

« C'est fini... allez-vous-en. »

XXV

LE PORTE-DRAPEAU

I

Le régiment était en bataille sur un talus de chemin de fer, et servait de cible à toute l'armée prussienne massée en face, sous le bois. On se fusillait à quatre-vingts mètres. Les officiers criaient : « Couchez-vous !... » mais personne ne voulait obéir, et le fier régiment restait debout, groupé autour de son drapeau. Dans ce grand horizon de soleil couchant, de blés en épis, de pâturages, cette masse d'hommes, tourmentée, enveloppée d'une fumée confuse, avait l'air d'un troupeau surpris en rase campagne dans le premier tourbillon d'un orage formidable.

C'est qu'il en pleuvait du fer sur ce talus ! On n'entendait que le crépitement de la fusillade, le bruit sourd des gamelles roulant dans le fossé, et les balles qui vibraient longuement d'un bout à l'autre du champ de bataille, comme les cordes tendues d'un instrument sinistre et retentissant. De temps en temps le drapeau qui se dressait au-dessus des têtes, agité au vent de la mitraille, sombrait dans la fumée ; alors une voix s'élevait grave et fière, dominant la fusillade, les râles, les jurons des blessés : « Au drapeau, mes enfants, au drapeau !... » Aussitôt un officier s'élançait vague comme une ombre dans ce brouillard rouge, et l'héroïque enseigne, redevenue vivante, planait encore au-dessus de la bataille.

Vingt-deux fois elle tomba !... Vingt-deux fois sa hampe encore tiède, échappée à une main mourante, fut saisie, redressée; et lorsqu'au soleil couché, ce qui restait du régiment — à peine une poignée d'hommes — battit lentement en retraite, le drapeau n'était plus qu'une guenille aux mains du sergent Hornus, le vingt-troisième porte-drapeau de la journée.

II

Ce sergent Hornus était une vieille bête à trois brisques, qui savait à peine signer son nom, et avait mis vingt ans à gagner ses galons de sous-officier. Toutes les misères de l'enfant trouvé, tout l'abrutissement de la caserne se voyaient dans ce front bas et buté, ce dos voûté par le sac, cette allure inconsciente de troupier dans le rang. Avec cela il était un peu bègue, mais, pour être porte-drapeau, on n'a pas besoin d'éloquence. Le soir même de la bataille, son colonel lui dit : « Tu as le drapeau, mon brave; eh bien, garde-le. »

Et sur sa pauvre capote de campagne, déjà toute passée à la pluie et au feu, la cantinière surfila tout de suite un liséré d'or de sous-lieutenant.

Ce fut le seul orgueil de cette vie d'humilité. Du coup la taille du vieux troupier se redressa. Ce pauvre être habitué à marcher courbé, les yeux à terre, eut désormais une figure fière, le regard toujours levé pour voir flotter ce lambeau d'étoffe et le maintenir bien droit, bien haut, au-dessus de la mort, de la trahison, de la déroute.

Vous n'avez jamais vu d'homme si heureux qu'Hornus les jours de bataille, lorsqu'il tenait sa hampe à deux mains, bien affermie dans son étui de cuir. Il ne parlait pas, il ne bougeait pas. Sérieux comme un prêtre, on aurait dit qu'il tenait quelque chose de sacré. Toute sa vie, toute sa force était dans ses doigts crispés autour de ce beau haillon doré sur lequel se ruaient les balles, et dans ses yeux pleins de défi qui regardaient les Prussiens bien en face, d'un air de dire : « Essayez donc de venir me le prendre !... »

Personne ne l'essaya, pas même la mort. Après Borny, après Gravelotte, les batailles les plus meurtrières, le drapeau s'en allait de partout, haché, troué, transparent de blessures ; mais c'était toujours le vieil Hornus qui le portait.

III

Puis septembre arriva, l'armée sous Metz, le blocus, et cette longue halte dans la boue où les canons se rouillaient, où les premières troupes du monde, démoralisées par l'inaction, le manque de vivres, de nouvelles, mouraient de fièvre et d'ennui au pied de leurs faisceaux. Ni chefs ni soldats, personne ne croyait plus ; seul, Hornus avait encore confiance. Sa loque tricolore lui tenait lieu de tout, et, tant qu'il la sentait là, il lui semblait que rien n'était perdu.

Malheureusement, comme on ne se battait plus, le colonel gardait le drapeau chez lui dans un des faubourgs de Metz ; et le brave Hornus était à peu près comme une mère qui a son enfant en nourrice. Il y pensait sans cesse. Alors, quand l'ennui le tenait trop fort, il s'en allait à Metz tout d'une course, et rien que de l'avoir vu toujours à la même place, bien tranquille contre le mur, il s'en revenait plein de courage, de patience, rapportant, sous sa tente trempée, des rêves de bataille, de marche en avant, avec les trois couleurs toutes grandes déployées flottant là-bas sur les tranchées prussiennes.

Un ordre du jour du maréchal Bazaine fit crouler ces illusions. Un matin, Hornus, en s'éveillant, vit tout le camp en rumeur, les soldats par groupes, très-animés, s'excitant, avec des cris de rage, des poings levés tous du même côté de la ville, comme si leur colère désignait un coupable. On criait : « Enlevons-le!...

Qu'on le fusille !... » Et les officiers laissaient dire. Ils marchaient à l'écart, la tête basse, comme s'ils avaient eu honte devant leurs hommes. C'était honteux, en effet. On venait de lire à cent cinquante mille soldats, bien armés, encore valides, l'ordre du maréchal qui les livrait à l'ennemi sans combat.

« Et les drapeaux ? » demanda Hornus en pâlissant. Les drapeaux étaient livrés avec le reste, avec les fusils, ce qui restait des équipages, tout.

« To... To... Tonnerre de Dieu !... bégaya le pauvre homme. Ils n'auront toujours pas le mien... » Et il se mit à courir du côté de la ville.

IV

Là aussi il y avait une grande animation. Gardes nationaux, bourgeois, gardes mobiles criaient, s'agitaient. Des députations passaient, frémissantes, se rendant chez le maréchal. Hornus, lui ne voyait rien, n'entendait rien. Il parlait seul, tout en remontant la rue du Faubourg.

« M'enlever mon drapeau!... Allons donc! Est-ce que c'est possible? Est-ce qu'on a le droit? Qu'il donne aux Prussiens ce qui est à lui, ses carrosses dorés, et sa belle vaisselle plate rapportée de Mexico! Mais ça, c'est à moi... C'est mon honneur. Je défends qu'on y touche. »

Tous ces bouts de phrase étaient hachés par la course et sa parole bègue; mais au fond il avait son idée, le vieux! Une idée bien nette, bien arrêtée, prendre le drapeau, l'emporter au milieu du régiment, et passer sur le ventre des Prussiens avec tous ceux qui voudraient le suivre.

Quand il arriva là-bas, on ne le laissa pas même entrer. Le colonel, furieux lui aussi, ne voulait voir personne... mais Hornus ne l'entendait pas ainsi.

Il jurait, criait, bousculait le planton:

« Mon drapeau... je veux mon drapeau... » A la fin une fenêtre s'ouvrit :

« C'est toi, Hornus ?

— Oui, mon colonel, je...

— Tous les drapeaux sont à l'Arsenal..., tu n'as qu'à y aller, on te donnera un reçu...

— Un reçu ?... Pourquoi faire ?...

— C'est l'ordre du maréchal...

— Mais, colonel...

— « F...-moi la paix !... » et la fenêtre se referma.

Le vieil Hornus chancelait comme un homme ivre.

« Un reçu..., un reçu..., » répétait-il machinalement... Enfin il se remit en marche, ne comprenant plus qu'une chose, c'est que le drapeau était à l'Arsenal et qu'il fallait le ravoir à tout prix.

V

Les portes de l'Arsenal étaient toutes grandes ouvertes pour laisser passer les fourgons prussiens qui attendaient rangés dans la cour. Hornus en entrant eut un frisson. Tous les autres porte-drapeaux étaient là, cinquante ou soixante officiers, navrés, silencieux; et ces voitures sombres sous la pluie, ces hommes groupés derrière, la tête nue : on aurait dit un enterrement.

Dans un coin, tous les drapeaux de l'armée de Bazaine s'entassaient, confondus sur le pavé boueux. Rien n'était plus triste que ces lambeaux de soie voyante, ces débris de franges d'or et de hampes ouvragées, tout cet attirail glorieux jeté par terre, souillé de pluie et de boue. Un officier d'administration les prenait un à un, et, à l'appel de son régiment, chaque porte-enseigne s'avançait pour chercher un reçu. Raides, impassibles, deux officiers prussiens surveillaient le chargement.

Et vous vous en alliez ainsi, ô saintes loques glorieuses, déployant vos déchirures, balayant le pavé tristement comme des oiseaux aux ailes cassées. Vous vous en alliez avec la honte des belles choses souillées, et chacune de vous emportait un peu de la France. Le soleil des longues marches restait entre vos plis passés. Dans les marques des balles vous gardiez le souvenir des morts inconnus, tombés au hasard sous l'étendard visé...

« Hornus, c'est à toi... On t'appelle.., va chercher ton reçu... »

Il s'agissait bien de reçu !

Le drapeau était là devant lui. C'était bien le sien, le plus beau, le plus mutilé de tous... Et en le revoyant il croyait être encore là-haut sur le talus. Il entendait chanter les balles, les gamelles fracassées et la voix du colonel : « Au drapeau, mes enfants !... » Puis ses vingt-deux camarades par terre, et lui vingt-troisième se précipitant à son tour pour relever, soutenir le pauvre drapeau qui chancelait faute de bras. Ah ! ce jour-là il avait juré de le défendre jusqu'à la mort. Et maintenant...

De penser à cela, tout le sang de son cœur lui sauta à la tête. Ivre, éperdu, il s'élança sur l'officier prussien, lui arracha son enseigne bien-aimée qu'il saisit à pleines mains ; puis il essaya de l'élever encore, bien haut, bien droit, en criant : « Au dra... » mais sa voix s'arrêta au fond de sa gorge. Il sentit la hampe trembler, glisser entre ses mains. Dans cet air las, cet air de mort qui pèse si lourdement sur les villes rendues, les drapeaux ne pouvaient plus flotter, rien de fier ne pouvait plus vivre... Et le vieil Hornus tomba foudroyé.

XXVI

ALSACE! ALSACE!

J'ai fait, il y a quelques années, un voyage en Alsace qui est un de mes meilleurs souvenirs. Non pas cet insipide voyage en chemin de fer dont on ne garde rien que des visions de pays découpé par des rails et des fils télégraphiques, mais un voyage à pied, le sac sur le dos avec un bâton bien solide et un compagnon pas trop causeur... La belle façon de voyager, et comme tout ce qu'on a vu ainsi vous reste bien !

Maintenant surtout que l'Alsace est murée, il me revient de ce pays perdu toutes mes impressions d'autrefois avec cette saveur d'imprévu des longues courses dans une campagne admirable, où les bois se lèvent comme de grands rideaux verts sur des villages paisibles, inondés de soleil, où l'on voit à un tournant de montagne les clochers, les usines traversées de ruisseaux, les scieries, les moulins, la note éclatante d'un costume inconnu sortir tout à coup des fraîcheurs vertes de la plaine...

Tous les matins, au petit jour, nous étions sur pied.

« Mossié!... Mossié!... c'est quatre heures! » nous criait le garçon d'auberge. Vite, on sautait du lit, et, le sac bouclé, on descendait à tâtons le petit escalier de bois résonnant et fragile. En bas, avant de partir, nous prenions un verre de kirsch dans ces grandes cuisines d'hôtellerie où le feu s'allume de bonne heure, avec ces frissonnements de sarments qui font rêver de brouillards et de vitres humides. Puis en route!

C'était dur au premier moment. A cette

heure-là, toutes les fatigues de la veille vous reviennent. Il y a encore du sommeil dans les yeux et dans l'air. Peu à peu cependant la rosée froide se dissipe, la brume s'évapore au soleil... On va, on marche... Quand la chaleur devenait trop lourde, nous nous arrêtions pour déjeuner près d'une source, d'un ruisseau, et l'on s'endormait dans les herbes au bruit de l'eau courante pour être éveillé par l'élan d'un gros bourdon qui vous frôlait en vibrant comme une balle... La chaleur tombée, on se remettait en route. Bientôt le soleil baissait, et à mesure le chemin semblait se raccourcir. On cherchait un but, un asile, et l'on se couchait harassé soit dans un lit d'auberge, soit dans une grange ouverte, ou bien au pied d'une meule, à la belle étoile, parmi des murmures d'oiseaux, des fourmillements d'insectes sous les feuilles, des bonds légers, des vols silencieux, tous ces bruits de la nuit qui dans la grande fatigue semblent des commencements de rêve...

Comment s'appelaient-ils tous ces jolis villages alsaciens que nous rencontrions espacés au bord des routes ? Je ne me rappelle plus aucun nom maintenant, mais ils se ressemblent tous si bien, surtout dans le Haut-Rhin, qu'après en avoir tant traversé à différentes heures, il me semble que je n'en ai vu qu'un ; la grande rue, les petits vitraux encadrés de plomb, enguirlandés de houblon et de roses, les portes à claire-voie où les vieux s'appuyaient en fumant leurs grosses pipes, où les femmes se penchaient pour appeler les enfants sur la route... Le matin, quand nous passions, tout cela dormait. A peine entendions-nous remuer la paille des étables ou le souffle haletant des chiens sous les portes. Deux lieues plus loin, le village s'éveillait. Il y avait un bruit de volets ouverts, de seaux heurtés, de ruisseaux emplis ; lourdement les vaches allaient

à l'abreuvoir en chassant les mouches
avec leurs longues queues. Plus loin encore, c'était toujours le même village,
mais avec le grand silence des après-midi d'été, rien qu'un bourdonnement
d'abeilles qui montaient en suivant les
branches grimpantes jusqu'au faîte des
chalets, et la mélopée traînante de l'école. Parfois, tout au bout du pays, un
petit coin non plus de village, mais de
province, une maison blanche à deux
étages avec une plaque d'assurance
toute neuve et reluisante, des panonceaux de notaire ou une sonnette de médecin. En passant on entendait une valse
au piano, un air un peu vieilli tombant
des persiennes vertes sur la route ensoleillée. Plus tard, au crépuscule, les
bestiaux rentraient, on revenait des filatures. Beaucoup de bruit, de mouvement. Tout le monde sur les portes, des
bandes de petits blondins dans la rue,
et les vitres allumées par un grand rayon
du couchant, venu on ne sait d'où...

Ce que je me rappelle encore avec bonheur, c'est le village alsacien, le dimanche matin, à l'heure des offices ; les rues désertes, les maisons vides avec quelques vieux qui se chauffent au soleil devant leur porte ; l'église pleine, les vitraux colorés par ces jolis tons mourants et roses qu'ont les cierges au grand jour, le plain-chant entendu par bouffées au passage, et un enfant de chœur en soutane écarlate traversant lestement la place, tête nue, l'encensoir à la main, pour aller chercher du feu chez le boulanger...

Quelquefois aussi nous restions des journées entières sans entrer dans un village. Nous cherchions les taillis, les chemins couverts, ces petits bois grêles qui bordent le Rhin et où sa belle eau verte vient se perdre dans des coins de marécage tout bourdonnant d'insectes. De loin en loin, à travers le mince réseau des branches, le grand fleuve nous apparaissait chargé de radeaux, de barques toutes pleines d'herbages coupés dans les îles, et qui semblaient elles-mêmes de petites îles éparpillées, emportées par le courant. Puis c'était le canal du Rhône au Rhin avec sa longue bordure de peupliers joignant leurs pointes vertes dans cette eau familière et comme privée, emprisonnée d'étroites rives. Çà et là sur la berge une cabane d'éclusier, des enfants courant pieds nus sur les barres de l'écluse, et, dans les jaillissements d'écume, de grands trains de bois qui s'avançaient lentement en tenant toute la largeur du canal.

Après, quand nous avions assez de zigzags et de flâneries, nous reprenions la grande route droite et blanche, plantée de noyers aux ombres fraîches et qui monte vers Bâle, la chaîne des Vosges à sa droite, le Schwartzwald de l'autre côté.

Oh! par les lourds soleils de juillet, les bonnes haltes que j'ai faites au bord de ce chemin de Bâle, couché de tout mon long dans l'herbe sèche des fossés, avec les perdrix qui s'appelaient d'un champ à l'autre et la grande route qui faisait son train mélancolique au-dessus de nos têtes. C'était un juron de roulier, un grelot, un bruit d'essieu, le pic d'un casseur de pierres, le galop pressé d'un gendarme effarant un grand troupeau d'oies en marche, des colporteurs harassés sous leur balle, et le facteur en blouse bleue passementée de rouge quittant tout à coup le grand chemin pour s'enfiler dans une petite traverse bordée de haies sauvages, où l'on sentait un hameau, une ferme, une vie isolée tout au bout...

Et ces jolis imprévus du voyage à pied, les raccourcis qui allongent, les sentiers trompeurs que font les roues des charrettes, les piétinements des chevaux, et qui vous conduisent au beau milieu d'un champ, les portes sourdes qui ne veulent pas s'ouvrir, les auberges pleines, et l'averse, cette bonne averse des jours d'été, si vite évaporée dans l'air chaud, qui fait fumer les plaines, la laine des troupeaux et jusqu'à la houppelande du berger.

Je me souviens d'un orage terrible qui nous surprit ainsi à travers bois en descendant du Ballon d'Alsace. Quand nous quittâmes l'auberge d'en haut, les nuages étaient au-dessous de nous Quelques sapins les dépassaient du faîte; mais, à mesure que nous descendions, nous entrions positivement dans le vent, dans la pluie, dans la grêle. Bientôt nous fûmes pris, enlacés dans un réseau d'éclairs. Tout près de nous un sapin roula foudroyé, et, tandis que nous dégringolions un petit chemin de *schlitage,* nous vîmes à travers un voile d'eau ruisselante un groupe de petites filles abritées dans un creux de roches. Épeurées, serrées les unes contre les autres, elles tenaient à pleines mains leurs tabliers d'indienne et de petits paniers d'osier remplis de *myrtilles* noires, fraîches cueillies. Les fruits luisaient avec des points de lumière, et les petits yeux noirs qui nous regardaient du fond du rocher ressemblaient aussi à des myrtilles mouillées. Ce grand sapin étendu sur la pente, ces coups de tonnerre, ces petits coureurs de forêts déguenillés et charmants, on aurait dit un conte du chanoine Schmidt...

Mais aussi quelle bonne flambée en arrivant à Rouge-Goutte ! Quel beau feu de foyer pour sécher nos hardes, pendant que l'omelette sautait dans la flamme, l'inimitable omelette d'Alsace, craquante et dorée comme un gâteau.

C'est le lendemain de cet orage que je vis une chose saisissante :

Sur le chemin de Dannemarie, à un tournant de haie, un champ de blé magnifique, saccagé, fauché, raviné par la pluie et la grêle, croisait par terre dans tous les sens ses tiges brisées. Les épis lourds et mûrs s'égrenaient dans la boue, et des volées de petits oiseaux

s'abattaient sur cette moisson perdue, sautant dans ces ravins de paille humide et faisant voler le blé tout autour. En plein soleil, sous le ciel pur, c'était sinistre, ce pillage... Debout devant son champ ruiné, un grand paysan, long, voûté, vêtu à la mode de la vieille Alsace, regardait cela silencieusement. Il y avait une vraie douleur sur sa figure, mais en même temps quelque chose de résigné et de calme, je ne sais quel espoir vague, comme s'il s'était dit que sous les épis couchés sa terre lui restait toujours vivante, fertile, fidèle, et que, tant que la terre est là, il ne faut pas désespérer.

XXVII

LE TURCO DE LA COMMUNE

C'était un petit timbalier de tirailleurs indigènes. Il s'appelait Kadour, venait de la tribu du Djendel, et faisait partie de cette poignée de turcos qui s'étaient jetés dans Paris à la suite de l'armée de Vinoy. De Wissembourg jusqu'à Champigny, il avait fait toute la campagne, traversant les champs de bataille comme un oiseau de tempête, avec ses cliquettes de fer et sa *derbouka* (tambour arabe); si vif, si remuant, que les balles ne savaient où le prendre. Mais quand l'hiver fut venu, ce petit bronze africain rougi au feu de la mitraille ne put supporter les nuits de grand'garde, l'immobilité dans la neige; et un matin de janvier, on le ramassa au bord de la Marne, les pieds gelés, tordu par le froid. Il resta longtemps à l'ambulance. C'est là que je le vis pour la première fois.

Triste et patient comme un chien malade, le turco regardait autour de lui avec un grand œil doux. Quand on lui parlait, il souriait et montrait ses dents. C'est tout ce qu'il pouvait faire; car notre langue lui était inconnue, et à peine s'il parlait le *sabir*, ce patois algérien composé de provençal, d'italien, d'arabe, fait de mots bariolés ramassés comme des coquillages tout le long des mers latines.

Pour se distraire, Kadour n'avait que sa *derbouka*. De temps en temps, quand il s'ennuyait trop, on la lui apportait sur son lit, et on lui permettait d'en jouer, mais pas trop fort, à cause des autres malades. Alors sa pauvre figure noire, si terne, si éteinte dans le jour jaune et ce triste paysage d'hiver qui montait de la rue, s'animait, grimaçait, suivait tous les mouvements du rhythme. Tantôt il battait la charge, et l'éclair de ses dents blanches passait dans un rire féroce; ou bien ses yeux se mouillaient à quelque aubade musulmane, sa narine se gonflait, et dans l'odeur fade de l'ambulance, au milieu des fioles et des compresses, il revoyait les bois de Blidah chargés d'oranges, et les petites Moresques sortant du bain, masquées de blanc et parfumées de verveine.

Deux mois se passèrent ainsi. Paris, en ces deux mois, avait fait bien des choses; mais Kadour ne s'en doutait pas. Il avait entendu passer sous ses fenêtres le troupeau las et désarmé qui rentrait, plus tard les canons promenés, roulés du matin au soir, puis le tocsin, la canonnade. A tout cela, il ne comprit rien, sinon qu'on était toujours en guerre, et qu'il allait pouvoir se battre, puisque ses jambes étaient guéries. Le voilà parti, son tambour sur le dos, en quête de sa compagnie. Il ne chercha pas longtemps. Des fédérés qui passaient l'emmenèrent à la Place. Après un long interrogatoire, comme on n'en pouvait rien tirer que des *bono bezef, macache bono,* le général de ce jour-là finit par lui donner dix francs, un cheval d'omnibus, et l'attacha à son état-major.

Il y avait un peu de tout dans ces états-majors de la Commune, des souquenilles rouges, des mantes polonaises, des justaucorps hongrois, des vareuses de marin, et de l'or, du velours, des paillons, des chamarrures. Avec sa veste bleue, brodée de jaune, son turban, sa *derbouka,* le turco vint compléter la mascarade. Tout joyeux de se trouver en si belle compagnie, grisé par le soleil, la canonnade, le train des rues, cette confusion d'armes et d'uniformes, persuadé d'ailleurs que c'était la guerre contre la Prusse qui continuait avec je ne sais quoi de plus vivant, de plus libre, ce déserteur sans le savoir se mêla naïvement à la grande bacchanale parisienne, et fut une célébrité du moment. Partout sur son passage, les fédérés l'acclamaient, lui faisaient fête. La Commune était si fière de l'avoir, qu'elle le montrait, l'affichait, le portait comme une cocarde. Vingt fois par jour la Place l'envoyait à la Guerre, la Guerre à l'Hôtel de Ville. Car enfin on leur avait tant dit que leurs marins étaient de faux marins, leurs artilleurs de faux artilleurs! Au moins, celui-là était bien un vrai turco. Pour s'en convaincre, on n'avait qu'à regarder cette frimousse éveillée de jeune singe, et toute la sauvagerie de ce petit corps s'agitant sur son grand cheval, dans les voltiges de la fantasia.

Quelque chose pourtant manquait au bonheur de Kadour. Il aurait voulu se battre, faire parler la poudre. Malheureusement, sous la Commune, c'était comme sous l'Empire, les états-majors n'allaient pas souvent au feu. En dehors des courses et des parades, le pauvre turco passait son temps sur la place Vendôme ou dans les cours du ministère de la guerre, au milieu de ces camps désordonnés pleins de barils d'eau-de-vie toujours en perce, de tonnes de lard défoncées, de ripailles en plein vent où l'on sentait encore tout l'affamement du siége. Trop bon musulman pour prendre part à ces orgies, Kadour se tenait à l'écart, sobre et tranquille, faisait ses ablutions dans un coin, son kousskouss avec une poignée de semoule; puis, après un petit air de *derbouka,* il se roulait dans son burnous et s'endormait sur un perron, à la flamme des bivouacs.

Un matin du mois de mai, le turco fut réveillé par une fusillade terrible. Le ministère était en émoi; tout le monde courait, s'enfuyait. Machinalement il fit comme les autres, sauta sur son cheval et suivit l'état-major. Les rues étaient pleines de clairons affolés, de bataillons en débandade. On dépavait, on barricadait. Évidemment il se passait quelque chose d'extraordinaire... A mesure qu'on approchait du quai, la fusillade était plus distincte, le tumulte plus grand. Sur le pont de la Concorde, Kadour perdit l'état-major. Un peu plus loin, on lui prit son cheval ; c'était pour un képi à huit galons très-pressé d'aller voir ce qui se passait à l'Hôtel-de-Ville. Furieux, le turco se mit à courir du côté de la bataille. Tout en courant, il armait son chassepot et disait entre ses dents : *Macach bono, Brissien*... car pour lui c'étaient les Prussiens qui venaient d'entrer. Déjà les balles sifflaient autour de l'obélisque, dans le feuillage des Tuileries. A la barricade de la rue de Rivoli, des vengeurs de Flourens l'appelèrent : « Hé ! turco ! turco !... » Ils n'étaient plus qu'une douzaine, mais Kadour à lui seul valait toute une armée.

Debout sur la barricade, fier et voyant

comme un drapeau, il se battait avec des bonds, des cris, sous une grêle de mitraille. A un moment, le rideau de fumée qui s'élevait de terre s'écarta un peu entre deux canonnades et lui laissa voir des pantalons rouges massés dans les Champs-Élysées. Ensuite tout redevint confus. Il crut s'être trompé, et fit parler la poudre de plus belle.

Tout à coup la barricade se tut. Le dernier artilleur venait de s'enfuir en lâchant sa dernière volée. Le turco, lui, ne bougea pas. Embusqué, prêt à bondir, il ajusta solidement sa baïonnette et attendit les casques à pointes... C'est la ligne qui arriva!... Dans le bruit sourd du pas de charge, les officiers criaient :

« Rendez-vous!... »

Le turco eut une minute de stupeur, puis s'élança, le fusil en l'air :

— *Bono, bono Francèse!...*

Vaguement, dans son idée de sauvage, il se figurait que c'était là cette armée de délivrance, Faidherbe ou Chanzy, que les Parisiens attendaient depuis si longtemps. Aussi comme il était heureux, comme il leur riait de toutes ses dents blanches !... En un clin d'œil, la barricade fut envahie. On l'entoure, on le bouscule.

« Fais voir ton fusil. »

Son fusil était encore chaud.

« Fais voir tes mains. »

Ses mains étaient noires de poudre. Et le turco les montrait fièrement, toujours avec son bon rire.

Alors on le pousse contre un mur, et ran !...

Il est mort sans y avoir rien compris.

XXVIII

L'ENFANT ESPION

Il s'appelait Stenne, le petit Stenne. C'était un enfant de Paris, malingre et pâle, qui pouvait avoir dix ans, peut-être quinze ; avec ces moucherons-là, on ne sait jamais. Sa mère était morte ; son père, ancien soldat de marine, gardait un square dans le quartier du Temple. Les babies, les bonnes, les vieilles dames à pliants, les mères pauvres, tout le Paris trotte-menu qui vient se mettre à l'abri des voitures dans ces parterres bordés de trottoirs, connaissaient le père Stenne et l'adoraient. On savait que, sous cette rude moustache, effroi des chiens et des traîneurs de bancs, se cachait un bon sourire attendri, presque maternel, et que, pour voir ce sourire, on n'avait qu'à dire au bonhomme :

« Comment va votre petit garçon?... »

Il l'aimait tant son garçon, le père Stenne ! Il était si heureux, le soir, après la classe, quand le petit venait le prendre et qu'ils faisaient tous deux le tour des allées, s'arrêtant à chaque banc pour saluer les habitués, répondre à leurs bonnes manières.

Avec le siége malheureusement tout changea. Le square du père Stenne fut fermé, on y mit du pétrole, et le pauvre homme, obligé à une surveillance incessante, passait sa vie dans les massifs déserts et bouleversés, seul, sans fumer, n'ayant plus son garçon que le soir, bien tard, à la maison. Aussi il fallait voir sa moustache, quand il parlait des Prussiens... Le petit Stenne, lui, ne se plaignait pas trop de cette nouvelle vie.

Un siége ! C'est si amusant pour les

gamins. Plus d'école! plus de mutuelle! Des vacances tout le temps et la rue comme un champ de foire.

L'enfant restait dehors jusqu'au soir, à courir. Il accompagnait les bataillons du quartier qui allaient au rempart, choisissant de préférence ceux qui avaient une bonne musique; et là-dessus petit Stenne était très-ferré. Il vous disait fort bien que celle du 96° ne valait pas grand'chose, mais qu'au 55° ils en avaient une excellente. D'autres fois, il regardait les mobiles faire l'exercice; puis il y avait les queues.

Son panier sous le bras, il se mêlait à ces longues files qui se formaient dans l'ombre des matins d'hiver sans gaz, à la grille des bouchers, des boulangers. Là, les pieds dans l'eau, on faisait des connaissances, on causait politique, et comme fils de M. Stenne, chacun lui demandait son avis. Mais le plus amusant de tout, c'était encore les parties de bouchon, ce fameux jeu de *galoche* que les mobiles bretons avaient mis à la mode pendant le siége. Quand le petit Stenne n'était pas au rempart ni aux boulangeries, vous étiez sûr de le trouver à la partie de *galoche* de la place du Château-d'Eau. Lui ne jouait pas, bien entendu; il faut trop d'argent. Il se contentait de regarder les joueurs avec des yeux !

Un surtout, un grand en cotte bleue, qui ne misait que des pièces de cent sous, excitait son admiration. Quand il courait, celui-là, on entendait les écus sonner au fond de sa cotte.

Un jour, en ramassant une pièce qui avait roulé jusque sous les pieds du petit Stenne, le grand lui dit à voix basse :

« Ça te fait loucher, hein ?... Eh bien, si tu veux, je te dirai où on en trouve. »

La partie finie, il l'emmena dans un coin de la place et lui proposa de venir avec lui vendre des journaux aux Prussiens ; on avait 30 francs par voyage. D'abord Stenne refusa, très-indigné ; et du coup, il resta trois jours sans retourner à la partie. Trois jours terribles. Il ne mangeait plus, il ne dormait plus. La nuit, il voyait des tas de galoches dressées au pied de son lit, et des pièces de cent sous qui filaient à plat, toutes luisantes. La tentation était trop forte. Le quatrième jour, il retourna au Château-d'Eau, revit le grand, se laissa séduire...

Ils partirent par un matin de neige, un sac de toile sur l'épaule, des journaux cachés sous leurs blouses. Quand ils arrivèrent à la porte de Flandres, il faisait à peine jour. Le grand prit Stenne par la main, et, s'approchant du factionnaire — un brave sédentaire qui avait le nez rouge et l'air bon — il lui dit d'une voix de pauvre :

« Laissez-nous passer, mon bon monsieur... Notre mère est malade, papa est mort. Nous allons voir avec mon petit frère à ramasser des pommes de terre dans le champ. »

Il pleurait. Stenne, tout honteux, baissait la tête. Le factionnaire les regarda un moment, jeta un coup d'œil sur la route déserte et blanche.

« Passez vite, » leur dit-il en s'écartant; et les voilà sur le chemin d'Aubervilliers. C'est le grand qui riait!

Confusément, comme dans un rêve, le petit Stenne voyait des usines transformées en casernes, des barricades désertes, garnies de chiffons mouillés, de longues cheminées qui trouaient le brouillard et montaient dans le ciel, vides, ébréchées. De loin en loin, une sentinelle, des officiers encapuchonnés qui regardaient là-bas avec des lorgnettes, et de petites tentes trempées de neige fondue devant des feux qui mouraient. Le grand connaissait les chemins, prenait à travers champs pour éviter les postes. Pourtant ils arrivèrent, sans pouvoir y échapper, à une grand'-

garde de francs-tireurs. Les francs-tireurs étaient là avec leurs petits cabans, accroupis au fond d'une fosse pleine d'eau, tout le long du chemin de fer de Soissons. Cette fois le grand eut beau recommencer son histoire, on ne voulut pas les laisser passer. Alors, pendant qu'il se lamentait, de la maison du garde-barrière sortit sur la voie un vieux sergent, tout blanc, tout ridé, qui ressemblait au père Stenne :

« Allons ! mioches, ne pleurons plus, dit-il aux enfants, on vous y laissera aller, à vos pommes de terre ; mais, avant, entrez vous chauffer un peu... Il a l'air gelé, ce gamin-là. »

Hélas ! Ce n'était pas de froid qu'il tremblait, le petit Stenne ; c'était de peur, c'était de honte. Dans le poste, ils trouvèrent quelques soldats blottis autour d'un feu maigre, un vrai feu de veuve, à la flamme duquel ils faisaient dégeler du biscuit au bout de leurs baïonnettes. On se serra pour faire place aux enfants. On leur donna la goutte, un peu de café. Pendant qu'ils buvaient, un officier vint sur la porte, appela le sergent, lui parla tout bas et s'en alla bien vite.

« Garçons ! dit le sergent en rentrant radieux... *Y aura du tabac* cette nuit... On a surpris le mot des Prussiens... Je crois que cette fois nous allons le leur reprendre, ce sacré Bourget ! »

Il y eut une explosion de bravos et de rires. On dansait, on chantait, on astiquait les sabres-baïonnettes ; et, profitant de ce tumulte, les enfants disparurent.

Passé la tranchée, il n'y avait plus que la plaine, et au fond un long mur blanc troué de meurtrières. C'est vers ce mur qu'ils se dirigèrent, s'arrêtant à chaque pas pour faire semblant de ramasser des pommes de terre.

« Rentrons... N'y allons pas, » disait tout le temps le petit Stenne.

L'autre levait les épaules et avançait

toujours. Soudain ils entendirent le trictrac d'un fusil qu'on armait.

« Couche-toi ! » fit le grand, en se jetant par terre.

Une fois couché, il siffla. Un autre sifflet répondit sur la neige. Ils s'avancèrent en rampant... Devant le mur, au ras du sol, parurent deux moustaches jaunes sous un béret crasseux. Le grand sauta dans la tranchée, à côté du Prussien :

« C'est mon frère, » dit-il en montrant son compagnon.

Il était si petit, ce Stenne, qu'en le voyant le Prussien se mit à rire et fut obligé de le prendre dans ses bras pour le hisser jusqu'à la brèche.

De l'autre côté du mur, c'étaient de grands remblais de terres, des arbres couchés, des trous noirs dans la neige, et dans chaque trou le même béret crasseux, les mêmes moustaches jaunes qui riaient en voyant passer les enfants.

Dans un coin, une maison de jardi-

nier casematée de troncs d'arbres. Le bas
était plein de soldats qui jouaient aux
cartes, faisaient la soupe sur un grand
feu clair. Cela sentait bon les choux, le
lard ; quelle différence avec le bivouac
des francs-tireurs ! En haut, les officiers. On les entendait jouer du piano,
déboucher du vin de Champagne. Quand
les Parisiens entrèrent, un hurrah de
joie les accueillit. Ils donnèrent leurs
journaux ; puis on leur versa à boire et
on les fit causer. Tous ces officiers
avaient l'air fier et méchant ; mais le
grand les amusait avec sa verve faubourienne, son vocabulaire de voyou. Ils
riaient, répétaient ces mots après lui, se
roulaient avec délice dans cette boue de
Paris qu'on leur apportait.

Le petit Stenne aurait bien voulu parler, lui aussi, prouver qu'il n'était pas
une bête ; mais quelque chose le gênait.
En face de lui se tenait à part un Prussien plus âgé, plus sérieux que les
autres, qui lisait, ou plutôt faisait sem-

blant, car ses yeux ne le quittaient pas. Il y avait dans ce regard de la tendresse et des reproches, comme si cet homme avait eu au pays un enfant du même âge que Stenne, et qu'il se fût dit :

« J'aimerais mieux mourir que de voir mon fils faire un métier pareil... »

A partir de ce moment, Stenne sentit comme une main qui se posait sur son cœur et l'empêchait de battre..

Pour échapper à cette angoisse, il se mit à boire. Bientôt tout tourna autour de lui. Il entendait vaguement, au milieu de gros rires, son camarade qui se moquait des gardes nationaux, de leur façon de faire l'exercice, imitait une prise d'armes au Marais, une alerte de nuit sur les remparts. Ensuite le grand baissa la voix, les officiers se rapprochèrent et les figures devinrent graves. Le misérable était en train de les prévenir de l'attaque des francs-tireurs.....

Pour le coup, le petit Stenne se leva furieux, dégrisé :

« Pas cela, grand... Je ne veux pas. »

Mais l'autre ne fit que rire et continua. Avant qu'il eût fini, tous les officiers étaient debout. Un d'eux montra la porte aux enfants :

« F..... le camp ! » leur dit-il.

Et ils se mirent à causer entre eux, très-vite, en allemand. Le grand sortit, fier comme un doge, en faisant sonner son argent. Stenne le suivit, la tête basse ; et lorsqu'il passa près du Prussien dont le regard l'avait tant gêné, il entendit une voix triste qui disait : « *Bas chôli, ça... Bas chôli.* »

Les larmes lui en vinrent aux yeux.

Une fois dans la plaine, les enfants se mirent à courir et rentrèrent rapidement. Leur sac était plein de pommes de terre que leur avaient données les Prussiens ; avec cela ils passèrent sans encombre à la tranchée des francs-tireurs. On s'y préparait pour l'attaque de la nuit. Des troupes arrivaient silencieuses, se massant derrière les murs.

Le vieux sergent était là, occupé à placer ses hommes, l'air si heureux. Quand les enfants passèrent, il les reconnut et leur envoya un bon sourire.

Oh! que ce sourire fit mal au petit Stenne! Un moment il eut envie de crier :

« N'allez pas là-bas... nous vous avons trahis. »

Mais l'autre lui avait dit : « Si tu parles, nous serons fusillés, » et la peur le retint.

A la Courneuve, ils entrèrent dans une maison abandonnée pour partager l'argent. La vérité m'oblige à dire que le partage fut fait honnêtement, et que d'entendre sonner ces beaux écus sous sa blouse, de penser aux parties de *galoche* qu'il avait là en perspective, le petit Stenne ne trouvait plus son crime aussi affreux.

Mais, lorsqu'il fut seul, le malheureux enfant! lorsque, après les portes, le grand l'eut quitté, alors ses poches commencèrent à devenir bien lourdes, et la main qui lui serrait le cœur le serra plus fort que jamais. Paris ne lui semblait plus le même. Les gens qui passaient le regardaient sévèrement, comme s'ils avaient su d'où il venait. Le mot espion, il l'entendait dans le bruit des roues, dans le battement des tambours qui s'exerçaient le long du canal. Enfin il arriva chez lui, et, tout heureux de voir que son père n'était pas encore rentré, il monta vite dans leur chambre cacher sous son oreiller ces écus qui lui pesaient tant.

Jamais le père Stenne n'avait été si bon, si joyeux qu'en rentrant ce soir-là. On venait de recevoir des nouvelles de province : les affaires du pays allaient mieux. Tout en mangeant, l'ancien soldat regardait son fusil pendu à la muraille, et il disait à l'enfant avec son bon rire :

« Hein, garçon, comme tu irais aux Prussiens, si tu étais grand ! »

Vers huit heures, on entendit le canon.

« C'est Aubervilliers... On se bat au Bourget, » fit le bonhomme, qui connaissait tous ses forts. Le petit Stenne devint pâle, et, prétextant une grande fatigue, il alla se coucher, mais il ne dormit pas. Le canon tonnait toujours. Il se représentait les francs-tireurs arrivant de nuit pour surprendre les Prussiens et tombant eux-mêmes dans une embuscade. Il se rappela le sergent qui lui avait souri, le voyait étendu là-bas dans la neige, et combien d'autres avec lui !... Le prix de tout ce sang se cachait là sous son oreiller, et c'était lui, le fils de M. Stenne, d'un soldat... Les larmes l'étouffaient. Dans la pièce à côté, il entendait son père marcher, ouvrir la fenêtre. En bas, sur la place, le rappel sonnait, un bataillon de mobiles se numérotait pour partir. Décidément, c'était une vraie bataille. Le malheureux ne put retenir un sanglot.

« Qu'as-tu donc ? » dit le père Stenne en entrant.

L'enfant n'y tint plus, sauta de son lit et vint se jeter aux pieds de son père. Au mouvement qu'il fit, les écus roulèrent par terre.

« Qu'est-ce que cela ? Tu as volé ? » dit le vieux en tremblant.

Alors, tout d'une haleine, le petit Stenne raconta qu'il était allé chez les Prussiens et ce qu'il y avait fait. A mesure qu'il parlait, il se sentait le cœur plus libre, cela le soulageait de s'accuser... Le père Stenne écoutait, avec une figure terrible. Quand ce fut fini, il cacha sa tête dans ses mains et pleura.

« Père, père... » voulut dire l'enfant.

Le vieux le repoussa sans répondre, et ramassa l'argent.

« C'est tout ? » demanda-t-il.

Le petit Stenne fit signe que c'était tout. Le vieux décrocha son fusil, sa cartouchière, et mettant l'argent dans sa poche.

« C'est bon, dit-il, je vais le leur rendre. »

Et, sans ajouter un mot, sans seulement retourner la tête, il descendit se mêler aux mobiles qui partaient dans la nuit. On ne l'a jamais revu depuis.

XXIX

LES MÈRES

SOUVENIR DU SIÉGE

Ce matin-là, j'étais allé au mont Valérien voir notre ami le peintre B..., lieutenant aux mobiles de la Seine. Justement le brave garçon se trouvait de garde. Pas moyen de bouger. Il fallut rester à se promener de long en large, comme des matelots de quart, devant la poterne du fort, en causant de Paris, de la guerre et de nos chers absents... Tout à coup mon lieutenant qui, sous sa tunique de mobile, est toujours resté le féroce rapin d'autrefois, s'interrompt, tombe en arrêt, et me prenant le bras :

« Oh! le beau Daumier! » me dit-il tout bas, et, du coin de son petit œil gris allumé subitement comme l'œil d'un chien de chasse, il me montrait les deux vénérables silhouettes qui venaient de faire leur apparition sur le plateau du mont Valérien.

Un beau Daumier en effet. L'homme en longue redingote marron, avec un collet de velours verdâtre qui semblait fait de vieille mousse des bois, maigre, petit, rougeaud, le front déprimé, les yeux ronds, le nez en bec de chouette. Une tête d'oiseau ridé, solennelle et bête. Pour l'achever, un cabas en tapisserie à fleurs, d'où sortait le goulot d'une bouteille, et sous l'autre bras une boîte de conserves, l'éternelle boîte en fer-blanc que les Parisiens ne pourront plus voir sans penser à leurs cinq mois de blocus. De la femme, on n'apercevait d'abord qu'un chapeau-cabriolet gigantesque et un vieux châle qui la serrait étroitement du haut en bas comme pour bien dessiner sa misère ; puis, de temps en temps, entre les ruches fanées de la capote, un bout de nez pointu qui passait, et quelques cheveux grisonnants et pauvres.

En arrivant sur le plateau, l'homme s'arrêta pour prendre haleine et s'essuyer le front. Il ne fait pourtant pas chaud là-haut, dans les brumes de fin novembre ; mais ils étaient venus si vite...

La femme ne s'arrêta pas, elle. Marchant droit à la poterne, elle nous regarda une minute en hésitant, comme si elle voulait nous parler ; mais, intimidée sans doute par les galons de l'officier, elle aima mieux s'adresser à la sentinelle, et je l'entendis qui demandait timidement à voir son fils, un mobile de Paris de la sixième du troisième.

« Restez là, dit l'homme de garde, je vais le faire appeler. »

Toute joyeuse, avec un soupir de soulagement, elle retourna vers son mari ;

et tous deux allèrent s'asseoir à l'écart sur le bord d'un talus.

Ils attendirent là bien longtemps. Ce mont Valérien est si grand, si compliqué de cours, de glacis, de bastions, de casernes, de casemates! Allez donc chercher un mobile de la sixième dans cette ville inextricable, suspendue entre terre et ciel, et flottant en spirale au milieu des nuages comme l'île de Laputa. Sans compter qu'à cette heure-là le fort est plein de tambours, de trompettes, de soldats qui courent, de bidons qui sonnent. C'est la garde qu'on relève, les corvées, la distribution, un espion tout sanglant que des francs-tireurs ramènent à coups de crosse, des paysans de Nanterre qui viennent se plaindre au général, une estafette arrivant au galop, l'homme transi, la bête ruisselante, des cacolets revenant des avant-postes avec les blessés qui se balancent aux flancs des mules et geignent doucement comme des agneaux malades,

des matelots halant une pièce neuve au son du fifre et des « hissa! ho! », le troupeau du fort qu'un berger en pantalon rouge pousse devant lui, la gaule à la main, le chassepot en bandoulière; tout cela va, vient, s'entre-croise dans les cours, s'engouffre sous la poterne comme sous la porte basse d'un caravansérail d'Orient.

« Pourvu qu'ils n'oublient pas mon garçon! » disaient pendant ce temps les yeux de la pauvre mère; et toutes les cinq minutes elle se levait, s'approchait de l'entrée discrètement, jetait un regard furtif dans l'avant-cour en se garant contre la muraille; mais elle n'osait plus rien demander de peur de rendre son enfant ridicule. L'homme, encore plus timide qu'elle, ne bougeait pas de son coin; et chaque fois qu'elle revenait s'asseoir le cœur gros, l'air découragé, on voyait qu'il la grondait de son impatience et qu'il lui donnait force explications sur les nécessités du service avec des gestes d'imbécile qui veut faire l'entendu.

J'ai toujours été très-curieux de ces petites scènes silencieuses et intimes qu'on devine encore plus qu'on ne les voit, de ces pantomimes de la rue qui vous coudoient quand vous marchez et d'un geste vous révèlent toute une existence; mais ici ce qui me captivait surtout, c'était la gaucherie, la naïveté de mes personnages, et j'éprouvais une véritable émotion à suivre à travers leur mimique, expressive et limpide comme l'âme de deux acteurs de Séraphin, toutes les péripéties d'un adorable drame familial.

Je voyais la mère se disant un beau matin :

« Il m'ennuie, ce M. Trochu, avec ses consignes... Il y a trois mois que je n'ai pas vu mon enfant... Je veux aller l'embrasser. »

Le père, timide, emprunté dans la vie, effaré à l'idée des démarches à faire pour se procurer un permis, a d'abord essayé de la raisonner :

« Mais tu n'y penses pas, chérie. Ce mont Valérien est au diable... Comment feras-tu pour y aller, sans voiture ? D'ailleurs c'est une citadelle ! les femmes ne peuvent pas entrer.

— « Moi, j'entrerai, » dit la mère, et comme il fait tout ce qu'elle veut, l'homme s'est mis en route, il est allé au secteur, à la mairie, à l'état-major, chez le commissaire, suant de peur, gelant de froid, se cognant partout, se trompant de porte, faisant deux heures de queue à un bureau, et puis ce n'était pas celui-là. Enfin, le soir, il est revenu avec un permis du gouverneur dans sa poche... Le lendemain on s'est levé de bonne heure, au froid, à la lampe. Le père casse une croûte pour se réchauffer, mais la mère n'a pas faim. Elle aime mieux déjeuner là-bas avec son fils. Et pour régaler un peu le pauvre mobile, vite, vite on empile dans le cabas le ban et l'arrière-ban des provisions de siége, chocolat, confitures, vin cacheté, tout jusqu'à la boîte, une boîte de huit francs qu'on gardait précieusement pour les jours de grande disette. Là-dessus les voilà partis. Comme ils arrivaient aux remparts, on venait d'ouvrir les portes. Il a fallu montrer le permis. C'est la mère qui avait peur... Mais non! Il paraît qu'on était en règle.

« Laissez passer! » dit l'adjudant de service.

Alors seulement elle respire :

« Il a été bien poli, cet officier. »

Et leste comme un perdreau, elle trotte, elle se dépêche. L'homme a peine à lui tenir pied :

« Comme tu vas vite, chérie! »

Mais elle ne l'écoute pas. Là-haut, dans les vapeurs de l'horizon, le mont Valérien lui fait signe :

« Arrivez vite... il est ici. »

Et maintenant qu'ils sont arrivés, c'est une nouvelle angoisse.

Si on ne le trouvait pas ! S'il allait ne pas venir !

Soudain, je la vis tressaillir, frapper sur le bras du vieux et se redresser d'un bond... De loin, sous la voûte de la poterne, elle avait reconnu son pas.

C'était lui.

Quand il parut, la façade du fort en fut tout illuminée.

Un grand beau garçon, ma foi ! bien planté, sac au dos, fusil au poing... Il les aborda, le visage ouvert, d'une voix mâle et joyeuse :

« Bonjour, maman. »

Et tout de suite sac, couverture, chassepot, tout disparut dans le grand chapeau-cabriolet. Ensuite le père eut son tour, mais ce ne fut pas long. Le cabriolet voulait tout pour lui. Il était insatiable.

« Comment vas-tu ?... Es-tu bien couvert ?... Où en es-tu de ton linge ? »

Et, sous les ruches de la capote, je

sentais le long regard d'amour dont elle l'enveloppait des pieds à la tête, dans une pluie de baisers, de larmes, de petits rires ; un arriéré de trois mois de tendresse maternelle qu'elle lui payait tout en une fois. Le père était très-ému, lui aussi, mais il ne voulait pas en avoir l'air. Il comprenait que nous le regardions et clignait de l'œil de notre côté comme pour nous dire :

« Excusez-la... c'est une femme. »

Si je l'excusais !

Une sonnerie de clairon vint souffler subitement sur cette belle joie.

« On rappelle... dit l'enfant. Il faut que je m'en aille.

— Comment ! tu ne déjeunes pas avec nous ?

— Mais non ! je ne peux pas... Je suis de garde pour vingt-quatre heures, tout en haut du fort.

— Oh ! » fit la pauvre femme ; et elle ne put pas en dire davantage.

Ils restèrent un moment à se regarder

tous les trois d'un air consterné. Puis le père, prenant la parole :

« Au moins emporte la boîte, » dit-il d'une voix déchirante, avec une expression à la fois touchante et comique de gourmandise sacrifiée. Mais voilà que, dans le trouble et l'émotion des adieux, on ne la trouvait plus cette maudite boîte; et c'était pitié de voir ces mains fébriles et tremblantes qui cherchaient, qui s'agitaient; d'entendre ces voix entrecoupées de larmes qui demandaient : « La boîte? où est la boîte? » sans honte de mêler ce petit détail de ménage à cette grande douleur. La boîte retrouvée, il y eut une dernière et longue étreinte, et l'enfant rentra dans le fort en courant.

Songez qu'ils étaient venus de bien loin pour ce déjeuner, qu'ils s'en faisaient une grande fête, que la mère n'en avait pas dormi de la nuit; et dites-moi si vous savez rien de plus navrant que cette partie manquée, ce coin de paradis entrevu et refermé tout de suite si brutalement.

Ils attendirent encore quelque temps, immobiles à la même place, les yeux toujours cloués sur cette poterne où leur enfant venait de disparaître. Enfin l'homme se secoua, fit un demi-tour, toussa deux ou trois coups d'un air très-brave, et sa voix une fois bien assurée :

« Allons ! la mère, en route ! » dit-il tout haut et fort gaillardement. Là-dessus il nous fit un grand salut et prit le bras de sa femme... Je les suivis de l'œil jusqu'au tournant de la route. Le père avait l'air furieux. Il brandissait le cabas avec des gestes désespérés... La mère, elle, était plus calme. Elle marchait à ses côtés la tête basse, les bras au corps. Mais par moments, sur ses épaules étroites, je croyais voir son châle frissonner convulsivement.

XXX

LE CARAVANSÉRAIL

Je ne peux pas me rappeler sans sourire le désenchantement que j'ai eu en mettant le pied pour la première fois dans un caravansérail d'Algérie. Ce joli mot de caravansérail, que traverse comme un éblouissement tout l'Orient féerique des *Mille et une Nuits*, avait dressé dans mon imagination des enfilades de galeries découpées en ogives, des cours mauresques plantées de palmiers, où la fraîcheur d'un mince filet d'eau s'égrenait en gouttes mélancoliques sur des carreaux de faïence émaillée ; tout autour, des voyageurs en babouches, étendus sur des nattes, fumaient leurs pipes à l'ombre des terrasses, et de cette halte montait sous le grand soleil des caravanes une odeur lourde de musc, de cuir brûlé, d'essence de rose et de tabac doré.

Les mots sont toujours plus poétiques que les choses. Au lieu du caravansérail que j'imaginais, je trouvai une ancienne auberge de l'Ile-de-France, l'auberge du grand chemin, station de rouliers, relais de poste, avec sa branche de houx, son banc de pierre à côté du portail, et tout un monde de cours, de hangars, de granges, d'écuries.

Il y avait loin de là à mon rêve des *Mille et une Nuits;* pourtant cette première désillusion passée, je sentis bien vite le charme et le pittoresque de cette hôtellerie franque perdue, à cent lieues d'Alger, au milieu d'une immense plaine qu'horizonnait un fond de petites collines pressées et bleues comme des vagues. D'un côté, l'Orient pastoral, des champs de maïs, une rivière bordée de lauriers-roses, la coupole blanche de quelque vieux tombeau ; de l'autre, la grand'route, apportant dans ce paysage de l'Ancien Testament le bruit, l'animation de la vie européenne. C'est ce mélange d'Orient et d'Occident, ce bouquet d'Algérie moderne, qui donnait au caravansérail de Mme Schontz une physionomie si amusante, si originale.

Je vois encore la diligence de Tlemcen entrant dans cette grande cour, au milieu des chameaux accroupis, tout chargés de bournous et d'œufs d'autruche. Sous les hangars, des nègres font leur kousskouss, des colons déballent une charrue modèle, des Maltais jouent aux cartes sur une mesure à blé. Les voyageurs descendent, on change de chevaux ; la cour est encombrée. C'est un spahi à manteau rouge qui fait la fantasia pour les filles de l'auberge, deux gendarmes arrêtés devant la cuisine, buvant un coup sans quitter l'étrier ; dans un coin, des juifs algériens en bas bleus, en casquette, qui dorment sur des ballots de laine, en attendant l'ouverture du marché; car deux fois par semaine un grand marché arabe se tenait sous les murs du caravansérail.

Ces jours-là, en ouvrant ma fenêtre le matin, j'avais en face de moi un fouillis de petites tentes, une houle bruyante et colorée où les chechias rouges des Kabyles éclataient comme des coquelicots dans un champ, et c'était jusqu'au soir des cris, des disputes, un fourmillement de silhouettes au soleil. Au jour tombant, les tentes se pliaient; hommes, chevaux, tout disparaissait, s'en allait avec la lumière, comme un de ces petits mondes tourbillonnants que le soleil emporte dans ses rayons. Le plateau restait nu, la plaine redevenait silencieuse, et le crépuscule d'Orient passait dans l'air avec ses teintes irisées et fugitives comme des bulles de savon... Pendant dix minutes, tout l'espace était rose. Il y avait, je me rappelle, à la porte du caravansérail, un vieux puits si bien enveloppé dans ces lueurs du couchant, que sa margelle usée semblait de marbre rose ; le seau ramenait de la flamme, la corde ruisselait de gouttes de feu.

Peu à peu cette belle couleur de rubis s'éteignait, passait à la mélancolie du lilas. Puis le lilas lui-même s'étalait en s'assombrissant. Un bruissement confus courait jusqu'au bout de l'immense plaine ; et tout à coup, dans le noir, dans le silence, éclatait la musique sauvage des nuits d'Afrique, clameurs éperdues des cigognes, aboiements des chacals et des hyènes, et de loin en loin un mugissement sourd, presque solennel, qui faisait frissonner les chevaux dans les écuries, les chameaux sous les hangars des cours...

Oh ! comme cela semblait bon, en sortant tout transi de ces flots d'ombre, de descendre dans la salle à manger du caravansérail, et d'y trouver le rire, la chaleur, les lumières, ce beau luxe de linge frais et de cristaux clairs qui est si français ! Il y avait là, pour vous faire les honneurs de la table, Mme Schontz, une ancienne beauté de Mulhouse, et la jolie Mlle Schontz que sa joue en fleur un peu hâlée et sa coiffe alsacienne aux ailes de tulle noir faisaient ressembler à une rose sauvage de Guebviller ou de Rouge-Goutte sur laquelle se serait posé un papillon. Étaient-ce les yeux de la fille, ou le petit vin d'Alsace que la mère vous versait au dessert, mousseux et doré comme du champagne ? Toujours est-il que les dîners du caravansérail avaient un grand renom dans les camps du sud... Les tuniques bleu de ciel s'y pressaient à côté des vestons de hussards galonnés de soutaches et de brandebourgs ; et, bien avant dans la nuit, la lumière s'attardait aux vitres de la grande auberge.

Le repas fini, la table enlevée, on ouvrait un vieux piano qui dormait là depuis vingt ans et l'on se mettait à chanter des airs de France ; ou bien, sur une Lauterbach quelconque, un jeune Werther à sabretache faisait faire un tour de valse à Mⁱˡᵉ Schontz. Au milieu de cette gaieté militaire un peu bruyante, dans ce cliquetis d'aiguillettes, de grands sabres et de petits verres, ce rhythme langoureux qui passait, ces deux cœurs qui battaient en mesure, enfermés dans le tournoiement de la valse, ces serments d'amour éternel qui mouraient sur un dernier accord, vous ne pouvez rien vous figurer de plus charmant.

Quelquefois, dans la soirée, la grosse porte du caravansérail s'ouvrait à deux battants, des chevaux piaffaient dans la cour. C'était un aga du voisinage qui, s'ennuyant avec ses femmes, venait frôler la vie occidentale, écouter le piano des roumis et boire du vin de France. *Une seule goutte de vin est maudite*, dit Mahomet dans son Coran ; mais il y a des accommodements avec la Loi. A chaque verre qu'on lui versait, l'aga prenait, avant de boire, une goutte au bout de son doigt, la secouait gravement, et, cette goutte maudite une fois chassée, il buvait le reste sans remords. Alors, tout étourdi de musique et de lumières, l'Arabe se couchait par terre dans ses bournous, riait silencieusement en montrant ses dents blanches et suivait les ronds de la valse avec des yeux enflammés.

... Hélas! maintenant où sont-ils les valseurs de Mlle Schontz? Où sont les tuniques bleu de ciel, les jolis hussards à taille de guêpe? Dans les houblonnières de Wissembourg, dans les sainfoins de Gravelotte.

Personne ne viendra plus boire le petit vin d'Alsace au caravansérail de Mme Schontz. Les deux femmes sont mortes, le fusil au poing, en défendant contre les Arabes leur caravansérail incendié. De l'ancienne hôtellerie si vivante, les murs seuls — les grands ossements des bâtisses — restent debout, tout calcinés. Les chacals rôdent dans les cours. Çà et là, un bout d'écurie, un hangar épargné par la flamme se dresse comme une apparition de vie; et le vent, ce vent de désastre qui souffle sur notre pauvre France des bords du Rhin jusqu'à Laghouat, de la Saar au Sahara, passe chargé de plaintes dans ces ruines et fait battre les portes tristement.

XXXI

LA VISION DU JUGE DE COLMAR

Avant qu'il eût prêté serment à l'empereur Guillaume, il n'y avait pas d'homme plus heureux que le petit juge Dollinger, du tribunal de Colmar, lorsqu'il arrivait à l'audience avec sa toque sur l'oreille, son gros ventre, sa lèvre en fleur et ses trois mentons bien posés sur un ruban de mousseline.

« Ah ! le bon petit somme que je vais faire ! » avait-il l'air de se dire en s'asseyant, et c'était plaisir de le voir allonger ses jambes grassouillettes, s'enfoncer sur son grand fauteuil, sur ce rond de cuir frais et moelleux auquel il devait d'avoir encore l'humeur égale et le teint clair, après trente ans de magistrature assise.

Infortuné Dollinger !

C'est ce rond de cuir qui l'a perdu. Il se trouvait si bien dessus, sa place était si bien faite sur ce coussinet de moleskine, qu'il a mieux aimé devenir Prussien que de bouger de là. L'empereur Guillaume lui a dit : « Restez assis, monsieur Dollinger ! » et Dollinger est resté assis ; et aujourd'hui le voilà conseiller à la cour de Colmar, rendant bravement la Justice au nom de Sa Majesté berlinoise.

Autour de lui, rien n'est changé : c'est toujours le même tribunal fané et monotone, la même salle de catéchisme avec ses bancs luisants, ses murs nus, son bourdonnement d'avocats, le même demi-jour tombant des hautes fenêtres à rideaux de serge, le même grand christ poudreux qui penche la tête, les bras étendus. En passant à la Prusse, la cour de Colmar n'a pas dérogé : il y a toujours un buste d'empereur au fond du prétoire. Mais c'est égal ! Dollinger se sent dépaysé. Il a beau se rouler dans son fauteuil, s'y enfoncer rageusement; il n'y trouve plus les bons petits sommes d'autrefois, et quand par hasard il lui arrive encore de s'endormir à l'audience, c'est pour faire des rêves épouvantables...

Dollinger rêve qu'il est sur une haute montagne, quelque chose comme le Honeck ou le ballon d'Alsace...Qu'est-ce qu'il fait là, tout seul, en robe de juge, assis sur son grand fauteuil à ces hauteurs immenses où l'on ne voit plus rien que des arbres rabougris et des tourbillons de petites mouches ?... Dollinger ne le sait pas. Il attend, tout frissonnant de la sueur froide et de l'angoisse du cauchemar. Un grand soleil rouge se lève de l'autre côté du Rhin, derrière les sapins de la forêt Noire, et, à mesure que le soleil monte, en bas, dans les vallées de Thann, de Munster, d'un bout à l'autre de l'Alsace, c'est un roulement confus, un bruit de pas, de voitures en marche, et cela grossit, et cela s'approche, et Dollinger a le cœur serré. Bientôt, par la longue route tournante qui grimpe aux flancs de la montagne, le juge de Colmar voit venir à lui un cortége lugubre et interminable, tout le peuple d'Alsace qui s'est donné rendez-vous à cette passe des Vosges pour émigrer solennellement.

En avant montent de longs chariots attelés de quatre bœufs, ces longs chariots à claire-voie que l'on rencontre tout débordants de gerbes au temps des moissons, et qui maintenant s'en vont chargés de meubles, de hardes, d'instruments de travail. Ce sont les grands lits, les hautes armoires, les garnitures d'indienne, les huches, les rouets, les petites chaises des enfants, les fauteuils des ancêtres, vieilles reliques entassées, tirées de leurs coins, dispersant au vent de la route la sainte poussière des foyers. Des maisons entières partent dans ces chariots. Aussi n'avancent-ils qu'en gémissant, et les bœufs les tirent avec peine, comme si le sol s'attachait aux roues, comme si ces parcelles de terre sèche restées aux herses, aux charrues, aux pioches, aux râteaux, rendant la charge encore plus lourde, faisaient de ce départ un déracinement. Derrière se presse une foule silencieuse, de tout rang, de tout âge, depuis les grands vieux à tricorne qui s'appuient en tremblant sur des bâtons, jusqu'aux petits blondins frisés, vêtus d'une bretelle et d'un pantalon de futaine, depuis l'aïeule paralytique que de fiers garçons portent sur leurs épaules, jusqu'aux enfants de lait que les mères serrent contre leurs poitrines : tous, les vaillants comme les infirmes, ceux qui seront les soldats de l'année prochaine et ceux qui ont fait la terrible campagne, des cuirassiers amputés qui se traînent sur des béquilles, des artilleurs hâves, exténués, ayant encore dans leurs uniformes en loque la moisissure des casemates de Spandau ; tout cela défile fièrement sur la route, au bord de laquelle le juge de Colmar est assis, et, en passant devant lui, chaque visage se détourne avec une terrible expression de colère et de dégoût.

Oh ! le malheureux Dollinger ! il voudrait se cacher, s'enfuir ; mais impossible. Son fauteuil est incrusté dans la montagne, son rond de cuir dans son fauteuil, et lui dans son rond de cuir. Alors il comprend qu'il est là comme au pilori, et qu'on a mis le pilori aussi haut pour que sa honte se vît de plus loin. Et le défilé continue, village par village, ceux de la frontière suisse menant d'immenses troupeaux, ceux de la Saar poussant leurs durs outils de fer dans des wagons à minerais. Puis les villes arrivent, tout le peuple des filatures, les tanneurs, les tisserands, les ourdisseurs, les bourgeois, les prêtres, les rabbins, les magistrats, des robes noires, des robes rouges. Voilà le tribunal de Colmar, son vieux président en tête. Et Dollinger, mourant de honte, essaie de cacher sa figure, mais ses mains sont paralysées ; de fermer les yeux, mais ses paupières restent immobiles et droites. Il faut qu'il voie et qu'on le voie, et qu'il ne perde pas un des regards de mépris que ses collègues lui jettent en passant.

Ce juge au pilori, c'est quelque chose de terrible ! Mais ce qui est plus terrible encore, c'est qu'il a tous les siens dans cette foule, et que pas un n'a l'air de le reconnaître. Sa femme, ses enfants passent devant lui en baissant la tête. On dirait qu'ils ont honte, eux aussi ! Jusqu'à son petit Michel qu'il aime tant, et qui s'en va pour toujours sans seulement le regarder. Seul, son vieux président s'est arrêté une minute pour lui dire à voix basse :

« Venez avec nous, Dollinger. Ne restez pas là, mon ami... »

Mais Dollinger ne peut pas se lever. Il s'agite, il appelle, et le cortége défile pendant des heures; et lorsqu'il s'éloigne au jour tombant, toutes ces belles vallées pleines de clochers et d'usines se font silencieuses. L'Alsace entière est partie. Il n'y a plus que le juge de Colmar qui reste là-haut, cloué sur son pilori, assis et inamovible.

... Soudain la scène change. Des ifs, des croix noires, des rangées de tombes, une foule en deuil. C'est le cimetière de Colmar, un jour de grand enterrement. Toutes les cloches de la ville sont en branle. Le conseiller Dollinger vient de mourir. Ce que l'honneur n'avait pas pu faire, la mort s'en est chargée. Elle a dévissé de son rond de cuir le magistrat inamovible, et couché tout de son long l'homme qui s'entêtait à rester assis.

Rêver qu'on est mort et se pleurer soi-même; il n'y a pas de sensation plus horrible. Le cœur navré, Dollinger assiste à ses propres funérailles ; et ce qui le désespère encore plus que sa mort, c'est que dans cette foule immense qui se presse autour de lui, il n'a pas un ami, pas un parent. Personne de Colmar, rien que des Prussiens ! Ce sont des soldats prussiens qui ont fourni l'escorte, des magistrats prussiens qui mènent le deuil, et les discours qu'on prononce sur sa tombe sont des discours prussiens, et la terre qu'on lui jette dessus et qu'il trouve si froide est de la terre prussienne, hélas !

Tout à coup la foule s'écarte, respectueuse ; un magnifique cuirassier blanc s'approche, cachant sous son manteau quelque chose qui a l'air d'une grande couronne d'immortelles. Tout autour on dit :

« Voilà Bismarck... voilà Bismarck... » Et le juge de Colmar pense avec tristesse :

« C'est beaucoup d'honneur que vous

me faites, monsieur le comte, mais si j'avais là mon petit Michel... »

Un immense éclat de rire l'empêche d'achever, un rire fou, scandaleux, sauvage, inextinguible.

« Qu'est-ce qu'ils ont donc ? » se demande le juge épouvanté. Il se dresse, il regarde... C'est son rond, son rond de cuir que M. de Bismarck vient de déposer religieusement sur sa tombe avec cette inscription en entourage dans la moleskine :

AU JUGE DOLLINGER

HONNEUR DE LA MAGISTRATURE ASSISE

SOUVENIRS ET REGRETS

D'un bout à l'autre du cimetière, tout le monde rit, tout le monde se tord, et cette grosse gaieté prussienne résonne jusqu'au fond du caveau, où le mort pleure de honte, écrasé sous un ridicule éternel !...

XXXII

LA PENDULE DE BOUGIVAL

DE BOUGIVAL A MUNICH

C'était une pendule du second Empire, une de ces pendules en onyx algérien, ornées de dessins Campana, qu'on achète boulevard des Italiens avec leur clef dorée pendue en sautoir au bout d'un ruban rose. Tout ce qu'il y a de plus mignon, de plus moderne, de plus article de Paris. Une vraie pendule des Bouffes, sonnant d'un joli timbre clair, mais sans un grain de bon sens, pleine de lubies, de caprices, marquant les heures à la diable, passant les demies, n'ayant jamais su bien dire que l'heure de la Bourse à Monsieur et l'heure du berger à Madame. Quand la guerre éclata, elle était en villégiature à Bougival, faite exprès pour ces palais d'été si fragiles, ces jolies cages à mouches en papier découpé, ces mobiliers d'une saison, guipure et mousseline flottant sur des transparents de soie claire. A l'arrivée des Bavarois, elle fut une des premières enlevées ; et, ma foi ! il faut avouer que ces gens d'outre-Rhin sont des emballeurs bien habiles, car cette pendule-joujou, guère plus grosse qu'un œuf de tourterelle, put faire au milieu des canons Krüpp et des fourgons chargés de mitraille le voyage de Bougival à Munich, arriver sans une fêlure, et se montrer dès le lendemain, Odeon-platz, à la devanture d'Augustus Cahn, le marchand de curiosités, fraîche, coquette, ayant toujours ses deux fines aiguilles, noires et recourbées comme des cils, et sa petite clef en sautoir au bout d'un ruban neuf.

L'ILLUSTRE DOCTEUR-PROFESSEUR OTTO DE SCHWANTHALER

Ce fut un événement dans Munich. On n'y avait pas encore vu de pendule de Bougival, et chacun venait regarder celle-là aussi curieusement que les coquilles japonaises du Musée de Siebold. Devant le magasin d'Augustus Cahn, trois rangs de grosses pipes fumaient du matin au soir, et le bon public de Munich se demandait avec des yeux ronds et des *Mein Gott* de stupéfaction à quoi pouvait servir cette singulière petite machine. Les journaux illustrés donnèrent sa reproduction. Ses photographies s'étalèrent dans toutes les vitrines; et c'est en son honneur que l'illustre docteur-professeur Otto de Schwanthaler composa son fameux *Paradoxe sur les Pendules,* étude philosophico-humoristique en six cents pages où il est traité de l'influence des pendules sur la vie des peuples, et logiquement démontré qu'une nation assez folle pour régler l'emploi de son temps sur des chronomètres aussi détraqués que cette petite pendule de Bougival devait s'attendre à toutes les catastrophes, ainsi qu'un navire qui s'en irait en mer avec une boussole désorientée. (La phrase est un peu longue, mais je la traduis textuellement.)

Les Allemands ne faisant rien à la légère, l'illustre docteur-professeur voulut, avant d'écrire son Paradoxe, avoir le sujet sous les yeux pour l'étudier à fond, l'analyser minutieusement comme un entomologiste ; il acheta donc la pendule, et c'est ainsi qu'elle passa de la devanture d'Augustus Cahn dans le salon de l'illustre docteur-professeur Otto de Schwanthaler, conservateur de la Pinacothèque, membre de l'Académie des sciences et des beaux-arts, en son domicile privé, Ludwigstrasse, 24.

LE SALON DES SCHWANTHALER

Ce qui frappait d'abord en entrant dans le salon des Schwanthaler, académique et solennel comme une salle de conférences, c'était une grande pendule à sujet en marbre sévère, avec une Polymnie de bronze et des rouages très-compliqués. Le cadran principal s'entourait de cadrans plus petits, et l'on avait là les heures, les minutes, les saisons, les équinoxes, tout, jusqu'aux transformations de la lune dans un nuage bleu-clair au milieu du socle. Le bruit de cette puissante machine remplissait toute la maison. Du bas de l'escalier, on entendait le lourd balancier s'en allant d'un mouvement grave, accentué, qui semblait couper et mesurer la vie en petits morceaux tout pareils ; sous ce tic-tac sonore couraient les trépidations de l'aiguille se démenant dans le cadre des secondes avec la fièvre laborieuse d'une araignée qui connaît le prix du temps.

Puis l'heure sonnait, sinistre et lente comme une horloge de collége, et chaque fois que l'heure sonnait, il se passait quelque chose dans la maison des Schwanthaler. C'était M. de Schwanthaler qui s'en allait à la Pinacothèque, chargé de paperasses, ou la haute dame de Schwanthaler revenant du sermon avec ses trois demoiselles, trois longues filles enguirlandées qui avaient l'air de perches à houblon; ou bien des leçons de cithare, de danse, de gymnastique, les clavecins qu'on ouvrait, les métiers à broderies, les pupitres à musique d'ensemble qu'on roulait au milieu du salon, tout cela si bien réglé, si compassé, si méthodique, que d'entendre tous ces Schwanthaler se mettre en branle au premier coup de timbre, entrer, sortir par les portes ouvertes à deux battants, on songeait au défilé des apôtres dans l'horloge de Strasbourg, et l'on s'attendait toujours à voir sur le dernier coup la famille Schwanthaler rentrer et disparaître dans sa pendule.

SINGULIÈRE INFLUENCE DE LA PENDULE DE BOUGIVAL SUR UNE HONNÊTE FAMILLE DE MUNICH

C'est à côté de ce monument qu'on avait mis la pendule de Bougival, et vous voyez d'ici l'effet de sa petite mine chiffonnée. Voilà qu'un soir les dames de Schwanthaler étaient en train de broder dans le grand salon, et l'illustre docteur-professeur lisait à quelques collègues de l'Académie des sciences les premières pages du *Paradoxe*, s'interrompant de temps en temps pour prendre la petite pendule et faire pour ainsi dire des démonstrations au tableau. Tout à coup, Éva de Schwanthaler, poussée par je ne sais quelle curiosité maudite, dit à son père en rougissant :

« O papa, faites-la sonner. »

Le docteur dénoua la clef, donna deux

tours, et on entendit un petit timbre de cristal si clair, si vif, qu'un frémissement de gaieté réveilla la grave assemblée. Il y eut des rayons dans tous les yeux :

« Que c'est joli ! que c'est joli ! » disaient les demoiselles de Schwanthaler, avec un petit air animé et des frétillements de nattes qu'on ne leur connaissait pas.

Alors M. de Schwanthaler, d'une voix triomphante :

« Regardez-la, cette folle de Française ; elle sonne huit heures, et elle en marque trois ! »

Cela fit beaucoup rire tout le monde, et, malgré l'heure avancée, ces messieurs se lancèrent à corps perdu dans des théories philosophiques et des considérations interminables sur la légèreté du peuple français. Personne ne pensait plus à s'en aller. On n'entendit même pas sonner, au cadran de Polymnie, ce terrible coup de dix heures qui dispersait d'ordinaire toute la société. La grande pendule n'y comprenait rien. Elle n'avait jamais tant vu de gaieté dans la maison Schwanthaler, ni du monde au salon si tard. Le diable c'est que lorsque les demoiselles de Schwanthaler furent rentrées dans leur chambre, elles se sentirent l'estomac creusé par la veille et le rire, comme des envies de souper ; et la sentimentale Minna, elle-même, disait en s'étirant les bras :

« Ah ! je mangerais bien une patte de homard. »

DE LA GAIETÉ, MES ENFANTS, DE LA GAIETÉ !

Une fois remontée, la pendule de Bougival reprit sa vie déréglée, ses habitudes de dissipation. On avait commencé par rire de ses lubies ; mais peu à peu, à force d'entendre ce joli timbre qui sonnait à tort et à travers, la grave maison de Schwanthaler perdit le respect du temps et prit les jours avec une aimable insouciance. On ne songea plus qu'à s'amuser ; la vie paraissait si courte, maintenant que toutes les heures étaient confondues ! Ce fut un bouleversement général. Plus de sermon, plus d'études. Un besoin de bruit, d'agitation. Mendelssohn et Schumann semblèrent trop monotones ; on les remplaça par la *Grande Duchesse*, le *Petit Faust*, et ces demoiselles tapaient, sautaient, et l'illustre docteur-professeur, pris lui aussi d'une sorte de vertige, ne se lassait pas de dire : « De la gaieté, mes enfants, de la gaieté !... » Quant à la grande horloge, il n'en fut plus question. Ces demoiselles avaient arrêté le balancier, prétextant qu'il les empêchait de dormir, et la maison s'en alla toute au caprice du cadran désheuré.

C'est alors que parut le fameux *Paradoxe des Pendules*. A cette occasion, les Schwanthaler donnèrent une grande soirée, non plus une de leurs soirées académiques d'autrefois, sobres de lumières et de bruit, mais un magnifique bal travesti, où Mme de Schwanthaler et ses filles parurent en canotières de Bougival, les bras nus, la jupe courte, et le petit chapeau plat à rubans éclatants. Toute la ville en parla, mais ce n'était que le commencement. La comédie, les tableaux vivants, les soupers, le baccarat ; voilà ce que Munich scandalisé vit défiler tout un hiver dans le salon de l'académicien. — « De la gaieté, mes enfants, de la gaieté !... » répétait le pauvre homme de plus en plus affolé, et tout ce monde-là était très-gai en effet. Mme de Schwanthaler, mise en goût par ses succès de canotière, passait sa vie sur l'Isar en costumes extravagants. Ces demoiselles, restées seules au logis, prenaient des leçons de français avec des officiers de hussards prisonniers dans la ville ; et la petite pendule, qui avait toutes raisons de se croire encore à Bougival, jetait les heures à la volée, en sonnant toujours huit quand elle en marquait trois. Puis, un matin, ce tourbillon de gaieté folle emporta la famille de Schwanthaler en Amérique, et les plus beaux Titien de la Pinacothèque suivirent dans sa fuite leur illustre conservateur.

CONCLUSION

Après le départ des Schwanthaler, il y eut dans Munich comme une épidémie de scandales. On vit successivement une chanoinesse enlever un baryton, le doyen de l'Institut épouser une danseuse, un conseiller aulique faire sauter la coupe, le couvent des dames nobles fermé pour tapage nocturne...

O malice des choses ! Il semblait que cette petite pendule était une fée, et qu'elle avait pris à tâche d'ensorceler toute la Bavière. Partout où elle passait, partout où sonnait son joli timbre à l'évent, il affolait, détraquait les cervelles.

Un jour, d'étape en étape, elle arriva jusqu'à la résidence; et depuis lors, savez-vous quelle partition le roi Louis, wagnérien enragé, a toujours ouverte sur son piano ?

— *Les Maîtres chanteurs ?*

— Non !... *Le Phoque à ventre blanc !*

Ça leur apprendra à se servir de nos pendules.

XXXIII

LA DÉFENSE DE TARASCON

Dieu soit loué ! J'ai enfin des nouvelles de Tarascon. Tout le temps de la guerre, je n'avais pas vécu, j'étais d'une inquiétude !... Connaissant l'exaltation de cette bonne ville et l'humeur belliqueuse de ses habitants, je me disais : « Qui sait ce qu'a fait Tarascon ? S'est-il rué en masse sur les barbares ? S'est-il laissé bombarder comme Strasbourg, mourir de faim comme Paris, brûler vif comme Châteaudun ? Ou bien, dans un accès de patriotisme farouche, s'est-il fait sauter comme Laon et son intrépide citadelle ?... » Rien de tout cela, mes amis. Tarascon n'a pas brûlé, Tarascon n'a pas sauté. Tarascon est toujours à la même place, paisiblement assis au milieu des vignes, du bon soleil plein ses rues, du bon muscat plein ses caves, et le Rhône qui baigne cette aimable localité emporte à la mer, comme par le passé, l'image d'une ville heureuse, des reflets de persiennes vertes, de jardins bien ratissés et de miliciens en tuniques neuves faisant l'exercice tout le long du quai.

Gardez-vous de croire pourtant que Tarascon n'ait rien fait pendant la guerre. Il s'est au contraire admirablement conduit, et sa résistance héroïque, que je vais essayer de vous raconter, aura sa place dans l'histoire comme type de résistance locale, symbole vivant de la défense du midi.

LES ORPHÉONS

Je vous dirai donc que, jusqu'à Sedan, nos braves Tarasconnais s'étaient tenus chez eux bien tranquilles. Pour ces fiers enfants des Alpilles, ce n'était pas la patrie qui mourait là-haut; c'étaient les soldats de l'empereur, c'était l'Empire. Mais une fois le 4 septembre, la République, Attila campé sous Paris, alors, oui ! Tarascon se réveilla, et l'on vit ce que c'est qu'une guerre nationale... Cela commença naturellement par une manifestation d'orphéonistes. Vous savez quelle rage de musique ils ont dans le Midi. A Tarascon surtout, c'est du délire. Dans les rues, quand vous passez, toutes les fenêtres chantent, tous les balcons vous secouent des romances sur la tête.

N'importe la boutique où vous entrez, il y a toujours au comptoir une guitare qui soupire, et les garçons de pharmacie eux-mêmes vous servent en fredonnant : *le Rossignol, — et le Luth espagnol — Tralala — lalalala.* En dehors de ces concerts privés, les Tarasconnais ont la fanfare de la ville, la fanfare du collège et je ne sais combien de sociétés d'orphéons.

C'est l'orphéon de Saint-Christophe et son admirable chœur à trois voix : *Sauvons la France*, qui donnèrent le branle au mouvement national.

« Oui, oui, sauvons la France ! » criait le bon Tarascon en agitant des mouchoirs aux fenêtres, et les hommes battaient des mains, et les femmes envoyaient des baisers à l'harmonieuse phalange qui traversait le cours sur quatre rangs de profondeur, bannière en tête et marquant fièrement le pas.

L'élan était donné. A partir de ce jour, la ville changea d'aspect : plus de guitare, plus de barcarolle. Partout le luth espagnol fit place à la *Marseillaise*, et, deux fois par semaine, on s'étouffait pour entendre la fanfare du collège jouer le *Chant du Départ*. Les chaises coûtaient des prix fous.

Mais les Tarasconnais ne s'en tinrent pas là.

LES CAVALCADES

Après la démonstration des orphéons, vinrent les calvacades historiques au bénéfice des blessés. Rien de gracieux comme de voir, par un dimanche de beau soleil, toute cette vaillante jeunesse tarasconnaise, en bottes molles et collants de couleur tendre, quêter de porte en porte et caracoler sous les balcons avec de grandes hallebardes et des filets à papillons; mais le plus beau de tout, ce fut un carrousel patriotique — François Ier à la bataille de Pavie — que ces messieurs du cercle donnèrent trois jours de suite sur l'Esplanade. Qui n'a pas vu cela n'a jamais rien vu. Le théâtre de Marseille avait prêté les costumes; l'or, la soie, le velours, les étendards brodés, les écus d'armes, les cimiers, les caparaçons, les rubans, les nœuds, les bouffettes, les fers de lance, les cuirasses faisaient flamber et papilloter l'Esplanade comme un miroir aux alouettes. Par là-dessus, un grand coup de mistral qui secouait toute cette lumière. C'était quelque chose de magnifique. Malheureusement, lorsque, après une lutte acharnée, François Ier, — M. Bompard, le gérant du cercle, — se voyait enveloppé par un gros de reîtres, l'infortuné Bompard avait, pour rendre son épée, un geste d'épaules si énigmatique, qu'au lieu de « tout est perdu fors l'honneur », il avait plutôt l'air de dire : *Digo-li que vengue, moun bon!* mais les Tarasconnais n'y regardaient pas de si près, et des larmes patriotiques étincelaient dans tous les yeux.

LA TROUÉE

Ces spectacles, ces chants, le soleil, le grand air du Rhône, il n'en fallait pas plus pour monter les têtes. Les affiches du Gouvernement mirent le comble à l'exaltation. Sur l'Esplanade, les gens ne s'abordaient plus que d'un air menaçant, les dents serrées, mâchant leurs mots comme des balles. Les conversations sentaient la poudre. Il y avait du salpêtre dans l'air. C'est surtout au café de la Comédie, le matin en déjeunant, qu'il fallait les entendre, ces bouillants Tarasconnais : « Ah çà ! qu'est-ce qu'ils font donc, les Parisiens avec leur tron de Dieu de général Trochu ? Ils n'en finissent pas de sortir... Coquin de bon sort ! Si c'était Tarascon !... Trrr !... Il y a longtemps qu'on l'aurait faite, la trouée ! » Et pendant que Paris s'étranglait avec son pain d'avoine, ces messieurs vous avalaient de succulentes bartavelles arrosées de bon vin des Papes, et luisants, bien repus, de la sauce jusqu'aux oreilles, ils criaient comme des sourds en tapant sur la table : « Mais faites-la donc, votre trouée !... » et qu'ils avaient, ma foi, bien raison !

LA DÉFENSE DU CERCLE

Cependant l'invasion des barbares gagnait au sud de jour en jour. Dijon rendu, Lyon menacé, déjà les herbes parfumées de la vallée du Rhône faisaient hennir d'envie les cavales des uhlans. « Organisons notre défense ! » se dirent les Tarasconnais, et tout le monde se mit à l'œuvre. En un tour de main, la ville fut blindée, barricadée, casematée. Chaque maison devint une forteresse. Chez l'armurier Costecalde, il y avait devant le magasin une tranchée d'au moins deux mètres, avec un pont-levis, quelque chose de charmant. Au cercle, les travaux de défense étaient si considérables qu'on allait les voir par curiosité. M. Bompard, le gérant, se tenait en haut de l'escalier, le chassepot à la main, et donnait des explications aux dames : « S'ils arrivent par ici, pan ! pan !... Si au contraire ils montent par là, pan ! pan ! » Et puis, à tous les coins de rues, des gens qui vous arrêtaient pour vous dire d'un air mystérieux : « Le café de la Comédie est imprenable, » ou bien encore : « On vient de torpiller l'Esplanade. » Il y avait de quoi faire réfléchir les barbares.

LES FRANCS-TIREURS

En même temps des compagnies de francs-tireurs s'organisaient avec frénésie. *Frères de la mort,* *Chacals du Narbonnais,* *Espingoliers du Rhône,* il y en avait de tous les noms, de toutes les couleurs, comme des centaurées dans un champ d'avoine; et des panaches, des plumes de coq, des chapeaux gigantesques, des ceintures d'une largeur !... Pour se donner l'air plus terrible, chaque franc-tireur laissait pousser sa barbe et ses moustaches, si bien qu'à la promenade le monde ne se connaissait plus. De loin vous voyiez un brigand des

Abruzzes qui venait sur vous, la moustache en croc, les yeux flamboyants, avec un tremblement de sabres, de revolvers, de yatagans; et puis, quand on s'approchait, c'était le receveur Pégoulade. D'autres fois, vous rencontriez dans l'escalier Robinson Crusoé lui-même avec son chapeau pointu, son coutelas en dents de scie, un fusil sur chaque épaule; au bout du compte c'était l'armurier Costecalde qui rentrait de dîner en ville. Le diable, c'est qu'à force de se donner des allures féroces, les Tarasconnais finirent par se terrifier les uns les autres, et bientôt personne n'osa plus sortir.

LAPINS DE GARENNE ET LAPINS DE CHOUX

Le décret de Bordeaux sur l'organisation des gardes nationales mit fin à cette situation intolérable. Au souffle puissant des triumvirs, prrrt! les plumes de coq s'envolèrent, et tous les francs-tireurs de Tarascon — chacals, espingoliers et autres — vinrent se fondre en un bataillon d'honnêtes miliciens, sous les ordres du brave général Bravida, ancien capitaine d'habillement. Ici, nouvelles complications. Le décret de Bordeaux faisait, comme on sait, deux catégories dans la garde nationale : les gardes nationaux de marche et les gardes nationaux sédentaires; « lapins de garenne et lapins de choux, » disait assez drôlement le receveur Pégoulade. Au début de la formation, les gardes nationaux de garenne avaient naturellement le beau rôle. Tous les matins, le brave général Bravida les menait sur l'Esplanade faire l'exercice à feu, l'école de tirailleurs, — couchez-vous! levez-vous! et ce qui s'ensuit. Ces petites guerres attiraient toujours beaucoup de monde. Les dames de Tarascou n'en manquaient pas une, et même les dames de Beaucaire passaient quelquefois le pont pour venir admirer nos lapins. Pendant ce temps, les pauvres gardes nationaux de choux faisaient modestement le service de la ville et montaient la garde devant le musée, où il n'y avait rien à garder qu'un gros lézard empaillé avec de la mousse et deux fauconneaux du temps du bon roi René. Pensez que les dames de Beaucaire ne passaient pas le pont pour si peu... Pourtant, après trois mois d'exercice à feu, lorsqu'on s'aperçut que les gardes nationaux de garenne ne bougeaient toujours pas de l'Esplanade, l'enthousiasme commença à se refroidir.

Le brave général Bravida avait beau crier à ses lapins : « Couchez-vous ! levez-vous ! » personne ne les regardait plus. Bientôt ces petites guerres furent la fable de la ville. Dieu sait cependant que ce n'était pas leur faute à ces malheureux lapins si on ne les faisait pas partir. Ils en étaient assez furieux. Un jour même ils refusèrent de faire l'exercice.

« Plus de parade ! criaient-ils en leur zèle patriotique ; nous sommes de marche ; qu'on nous fasse marcher !

— Vous marcherez, ou j'y perdrai mon nom ! » leur dit le brave général Bravida ; et, tout bouffant de colère, il alla demander des explications à la mairie.

La mairie répondit qu'elle n'avait pas d'ordre et que cela regardait la préfecture.

« Va pour la préfecture, » fit Bravida ; et le voilà parti sur l'express de Marseille à la recherche du préfet, ce qui n'était pas une petite affaire, attendu qu'à Marseille il y avait toujours cinq ou six préfets en permanence, et personne pour vous dire lequel était le bon. Par une fortune singulière, Bravida lui mit la main dessus tout de suite, et c'est en plein conseil de préfecture que le brave général porta la parole au nom de ses hommes, avec l'autorité d'un ancien capitaine d'habillement.

Dès les premiers mots, le préfet l'interrompit :

« Pardon, général... Comment se fait-il qu'à vous vos soldats vous demandent de partir, et qu'à moi ils me demandent de rester ?... Lisez plutôt. »

Et, le sourire aux lèvres, il lui tendit une pétition larmoyante, que deux lapins de garenne — les deux plus enragés pour marcher — venaient d'adresser à la préfecture avec apostilles du médecin, du curé, du notaire, et dans laquelle ils demandaient à passer aux lapins de choux pour cause d'infirmités.

« J'en ai plus de trois cents comme cela, ajouta le préfet en souriant toujours. Vous comprenez maintenant, général, pourquoi nous ne sommes pas pressés de faire marcher vos hommes. On en a malheureusement trop fait partir de ceux qui voulaient rester. Il n'en faut plus... Sur ce, Dieu sauve la République, et bien le bonjour à vos lapins ! »

LE PUNCH D'ADIEU

Pas besoin de dire si le général était penaud en retournant à Tarascon. Mais voici bien une autre histoire. Est-ce qu'en son absence les Tarasconnais ne s'étaient pas avisés d'organiser un punch d'adieu par souscription pour les lapins qui allaient partir ! Le brave général Bravida eut beau dire que ce n'était pas la peine, que personne ne partirait ; le punch était souscrit, commandé ; il ne restait plus qu'à le boire, et c'est ce qu'on fit. Donc, un dimanche soir, cette touchante cérémonie du punch d'adieu eut lieu dans les salons de la mairie, et, jusqu'au petit jour blanc, les toasts, les vivats, les discours, les chants patriotiques, firent trembler les vitres municipales. Chacun, bien entendu, savait à quoi s'en tenir sur ce punch d'adieu ; les gardes nationaux de choux qui le payaient avaient la ferme conviction que leurs camarades ne partiraient pas, et ceux de garenne qui le buvaient avaient aussi cette conviction, et le vénérable adjoint, qui vint d'une voix émue jurer à tous ces braves qu'il était prêt à marcher à leur tête, savait mieux que personne qu'on ne marcherait pas du tout; mais c'est égal ! Ces méridionaux sont si extraordinaires, qu'à la fin du punch d'adieu tout le monde pleurait, tout le monde s'embrassait, et, ce qu'il y a de plus fort, tout le monde était sincère, même le général.

A Tarascon, comme dans tout le midi de la France, j'ai souvent observé cet effet de mirage.

XXXIV

LE PRUSSIEN DE BÉLISAIRE

Voici quelque chose que j'ai entendu raconter, cette semaine, dans un cabaret de Montmartre. Il me faudrait, pour bien vous dire cela, le vocabulaire faubourien de maître Bélisaire, son grand tablier de menuisier, et deux ou trois coups de ce joli vin blanc de Montmartre, capable de donner l'accent de Paris, même à un Marseillais. Je serais sûr alors de vous faire passer dans les veines le frisson que j'ai eu en écoutant Bélisaire raconter, sur une table de compagnons, cette lugubre et véridique histoire :

« ..... C'était le lendemain de l'amnistie (Bélisaire voulait dire l'armistice). Ma femme nous avait envoyés nous deux l'enfant faire un tour du côté de Villeneuve-la-Garenne, rapport à une petite baraque que nous avions là-bas au bord de l'eau et dont nous étions sans nouvelles depuis le siége. Moi, ça me chiffonnait d'emmener le gamin. Je savais que nous allions nous trouver avec les Prussiens, et comme je n'en avais pas encore vu en face, j'avais peur de me faire arriver quelque histoire. Mais la mère en tenait pour son idée : « Va donc ! va donc ! ça lui fera prendre l'air, à cet enfant. »

« Le fait est qu'il en avait besoin, le pauvre petit, après ses cinq mois de siége et de moisissure.

« Nous voilà donc partis tous les deux à travers champs. Je ne sais pas s'il était content, le mioche, de voir qu'il y avait encore des arbres, des oiseaux, et s'il s'en donnait de barboter dans les terres labourées. Moi, je n'y allais pas d'aussi bon cœur; il y avait trop de casques pointus sur les routes. Depuis le canal jusqu'à l'île on ne rencontrait que de ça. Et insolents !... Il fallait se tenir à quatre pour ne pas taper dessus... Mais où je sentis la colère me monter, là, vrai! c'est en entrant dans Villeneuve, quand je vis nos pauvres jardins tout en déroute, les maisons ouvertes, saccagées, et tous ces bandits installés chez nous, s'appelant d'une fenêtre à l'autre et faisant sécher leurs tricots de laine sur nos persiennes, nos treillages. Heureusement que l'enfant marchait près de moi, et chaque fois que la main me démangeait trop, je me pensais en le regardant : « Chaud là, Bélisaire !... Pre-« nons garde qu'il n'arrive pas malheur « au moutard. » Rien que ça m'empêchait de faire des bêtises. Alors je compris pourquoi la mère avait voulu que je l'emmène avec moi.

« La baraque est au bout du pays, la dernière à main droite, sur le quai. Je la trouvai vidée du haut en bas, comme les autres. Plus un meuble, plus une vitre. Rien que quelques bottes de paille, et le dernier pied du grand fauteuil qui grésillait dans la cheminée. Ça sentait le Prussien partout, mais on n'en voyait nulle part... Pourtant il me semblait que quelque chose remuait dans le sous-sol. J'avais là un petit établi, où je m'amusais à faire des bricoles le dimanche. Je dis à l'enfant de m'attendre, et je descendis voir.

« Pas plutôt la porte ouverte, voilà un grand cheulard de soldat à Guillaume qui se lève en grognant de dessus les copeaux, et vient vers moi, les yeux hors de la tête, avec un tas de jurements que je ne comprends pas. Faut croire qu'il avait le réveil bien méchant, cet animal-là ; car, au premier mot que j'essayai de lui dire, il se mit à tirer son sabre...

« Pour le coup, mon sang ne fit qu'un tour. Toute la bile que j'amassais de-

puis une heure me sauta à la figure...
J'agrippe le valet de l'établi et je cogne...
Vous savez, compagnons, si Bélisaire a
le poignet solide à l'ordinaire; mais il
paraît que ce jour-là j'avais le tonnerre
de Dieu au bout de mon bras... Au premier coup, mon Prussien fait bonhomme
et s'étale de tout son long. Je ne le
croyais qu'étourdi. Ah! ben, oui... Nettoyé, mes enfants, tout ce qu'il y a de
mieux comme nettoyage. Débarbouillé
à la potasse, quoi!

« Moi, qui n'avais jamais rien tué
de ma vie, pas même une alouette, ça
me fit tout de même drôle de voir ce
grand corps devant moi... Un joli blond,
ma foi, avec une petite barbe follette qui
frisait comme des copeaux de frêne. J'en
avais les deux jambes qui me tremblaient en le regardant. Pendant ce
temps-là, le gamin s'ennuyait là-haut,
et je l'entendais crier de toutes ses forces: « Papa! papa! »

« Des Prussiens passaient sur la route,

on voyait leurs sabres et leurs grandes jambes par le soupirail du sous-sol. Cette idée me vint tout d'un coup. « S'ils « entrent, l'enfant est perdu... Ils vont « tout massacrer. » Ce fut fini, je ne tremblai plus. Vite, je fourrai le Prussien sous l'établi. Je lui mis dessus tout ce que je pus trouver de planches, de copeaux, de sciure, et je remontai chercher le petit.

« — Arrive...

« — Qu'est-ce qu'il y a donc, papa ? Comme tu es pâle !

« Marche, marche. »

« Et je vous réponds que les Cosaques pouvaient me bousculer, me regarder de travers, je ne réclamais pas. Il me semblait toujours qu'on courait, qu'on criait derrière nous. Une fois j'entendis un cheval nous arriver dessus à la grande volée ; je crus que j'allais tomber, du saisissement. Pourtant, après les ponts, je commençai à me reconnaître. Saint-Denis était plein de monde. Il n'y avait pas de risque qu'on nous repêche dans le tas. Alors seulement je pensai à notre pauvre baraque. Les Prussiens, pour se venger, étaient dans le cas d'y mettre le feu, quand ils retrouveraient leur camarade, sans compter que mon voisin Jacquot, le garde-pêche, était seul de Français dans le pays, et que ça pouvait lui faire arriver de la peine, ce soldat tué près de chez lui. Vraiment ce n'était guère crâne de se sauver de cette façon-là.

« J'aurais dû m'arranger au moins pour le faire disparaître... A mesure que nous arrivions vers Paris, cette idée me tracassait davantage. Il n'y a pas, ça me gênait de laisser ce Prussien dans ma cave. Aussi, au rempart, je n'y tins plus :

« — Va devant, que je dis au mioche. J'ai encore une pratique à voir à Saint-Denis. »

« Là-dessus je l'embrasse et je m'en retourne. Le cœur me battait bien un peu ; mais c'est égal, je me sentais tout à l'aise de n'avoir plus l'enfant avec moi.

« Quand je rentrai dans Villeneuve, il commençait à faire nuit. J'ouvrais l'œil, vous pensez, et je n'avançais qu'une patte après l'autre. Pourtant le pays avait l'air assez tranquille. Je voyais la baraque toujours à sa place, là-bas, dans le brouillard. Au bord du quai, une longue palissade noire; c'étaient les Prussiens qui faisaient l'appel. Bonne occasion pour trouver la maison vide. En filant le long des clôtures, j'aperçus le père Jacquot dans la cour en train d'étendre ses éperviers. Décidément on ne savait rien encore... J'entre chez nous. Je descends, je tâte. Le Prussien était toujours sous ses copeaux; il y avait même deux gros rats en train de lui travailler son casque, et ça me fit une fière souleur de sentir cette mentonnière remuer. Un moment je crus que le mort allait revenir... mais non! sa tête était lourde, froide. Je m'accouvai dans un coin, et j'attendis ; j'avais mon idée de le jeter à la Seine, quand les autres seraient couchés...

« Je ne sais pas si c'est le voisinage du mort, mais elle m'a paru joliment triste ce soir-là la retraite des Prussiens. De grands coups de trompette qui sonnaient trois par trois : Ta! ta! ta! Une vraie musique de crapaud. Ce n'est pas sur cet air-là que nos lignards voudraient se coucher, eux...

« Pendant cinq minutes, j'entendis traîner des sabres, taper des portes; puis des soldats entrèrent dans la cour, et ils se mirent à appeler :

« — Hofmann ! Hofmann ! »

« Le pauvre Hofmann se tenait sous ses copeaux, bien tranquille... Mais c'est moi qui me faisais vieux !... A chaque instant je m'attendais à les voir entrer dans le sous-sol. J'avais ramassé le sabre du mort, et j'étais là sans bouger, à me dire dans moi-même : « Si tu en réchap« pes, mon petit père... tu devras un

« fameux cierge à saint Jean-Baptiste de
« Belleville ! »

« Tout de même, quand ils eurent assez appelé Hofmann, mes locataires se décidèrent à rentrer. J'entendis leurs grosses bottes dans l'escalier, et, au bout d'un moment, toute la baraque ronflait comme une horloge de campagne. Je n'attendais que cela pour sortir.

« La berge était déserte, toutes les maisons éteintes. Bonne affaire. Je redescends vivement. Je tire mon Hofmann de dessous l'établi, je le mets debout, et le hisse sur mon dos, comme un crochet de commissionnaire... C'est qu'il était lourd, le brigand !... Avec ça la peur, rien dans le battant depuis le matin... Je croyais que je n'aurais jamais la force d'arriver. Puis, voilà qu'au milieu du quai je sens quelqu'un qui marche derrière moi. Je me retourne. Personne... C'était la lune qui se levait... Je me dis : « Gare, tout à l'heure... les « factionnaires vont tirer. »

« Pour comble d'agrément, la Seine était basse. Si je l'avais jeté là sur le bord, il y serait resté comme dans une cuvette... J'entre, j'avance... Toujours pas d'eau... Je n'en pouvais plus : j'avais les articulations grippées... Finalement, quand je me crois assez avant, je lâche mon bonhomme... Va te promener, le voilà qui s'envase. Plus moyen de le faire bouger. Je pousse, je pousse..... hue donc !... Par bonheur il arrive un coup de vent d'est. La Seine se soulève, et je sens le macchabée qui démarre tout doucement. Bon voyage ! j'avale une potée d'eau, et je remonte vite sur la berge.

« Quand je repassai le pont de Villeneuve, on voyait quelque chose de noir au milieu de la Seine. De loin, ça avait l'air d'un bachot. C'était mon Prussien qui descendait du côté d'Argenteuil, en suivant le fil de l'eau. »

XXXV

LE CONCERT DE LA HUITIÈME

Tous les bataillons du Marais et du faubourg Saint-Antoine campaient cette nuit-là dans les baraquements de l'avenue Daumesnil. Depuis trois jours l'armée de Ducrot se battait sur les hauteurs de Champigny; et nous autres, on nous faisait croire que nous formions la réserve.

Rien de plus triste que ce campement de boulevard extérieur, entouré de cheminées d'usine, de gares fermées, de chantiers déserts, dans ces quartiers mélancoliques qu'éclairaient seulement quelques boutiques de marchands de vins. Rien de plus glacial, de plus sordide que ces longues baraques de planches, alignées sur le sol battu, sec et dur de décembre, avec leurs fenêtres mal jointes, leurs portes toujours ouvertes, et ces quinquets fumeux tout obscurcis de brume, comme des falots en plein vent. Impossible de lire, de dormir, de s'asseoir. Il fallait inventer des jeux de gamins pour se réchauffer, battre la semelle, courir autour des baraques. Cette inaction bête, si près de la bataille, avait quelque chose de honteux et d'énervant, cette nuit-là surtout. Bien que la canonnade eût cessé, on sentait qu'une terrible partie se préparait là-haut; et, de temps en temps, quand les feux électriques des forts atteignaient ce côté de Paris dans leur mouvement circulaire, on voyait des troupes silencieuses, massées au bord des trottoirs, d'autres qui remontaient l'avenue en nappes sombres et semblaient ramper à terre, rapetissées par les hautes colonnes de la place du Trône.

J'étais là tout glacé, perdu dans la nuit de ces grands boulevards. Quelqu'un me dit :

« Venez donc voir à la huitième... Il paraît qu'il y a un concert. »

J'y allai. Chacune de nos compagnies avait sa baraque ; mais celle de la huitième était bien mieux éclairée que les autres et bourrée de monde. Des chandelles piquées au bout de baïonnettes allongeaient de grandes flammes ombrées de fumées noires, qui frappaient en plein sur toutes ces têtes d'ouvriers, vulgaires, abruties par l'ivresse, le froid, la fatigue et ce mauvais sommeil debout qui fane et qui pâlit. Dans un coin la cantinière dormait, la bouche ouverte, pelotonnée sur un banc devant sa petite table chargée de bouteilles vides et de verres troubles.

On chantait.

A tour de rôle messieurs les amateurs montaient sur une estrade improvisée au fond de la salle, et se posaient, déclamaient, se drapaient dans leurs couvertures avec des souvenirs de mélodrames. Je retrouvai là ces voix ronflantes, roulantes, qui résonnent au fond des passages, des cités ouvrières toutes pleines de tapages d'enfants, de cages pendues, d'échoppes bruyantes. Cela est charmant à entendre, mêlé au bruit des outils, avec l'accompagnement du marteau et de la varlope; mais là, sur cette estrade, c'était ridicule et navrant.

. Nous eûmes d'abord l'ouvrier penseur, le mécanicien à longue barbe, chantant les douleurs du prolétaire. *Pauvro prolétairo... o... o...*, avec une voix de gorge, où la sainte Internationale avait mis toutes ses colères. Puis il en vint un autre, à moitié endormi, qui nous chanta la fameuse chanson de la *Canaille*, mais d'un air si ennuyé, si lent, si dolent, qu'on aurait dit une berceuse... *C'est la canaille... Eh bien!... j'en suis...* Et pendant qu'il psalmodiait, on entendait les ronflements des dormeurs obstinés qui cherchaient les coins, se retournaient contre la lumière en grognant.

Soudain un éclair blanc passa entre les planches et fit pâlir la flamme rouge des chandelles. En même temps un coup sourd ébranla la baraque, et presque aussitôt d'autres coups, plus sourds, plus lointains, roulèrent là-bas sur les côteaux de Champigny, en saccades diminuées. C'était la bataille qui recommençait.

Mais MM. les amateurs se moquaient bien de la bataille !

Cette estrade, ces quatre chandelles avaient remué dans tout ce peuple je ne sais quels instincts de cabotinage. Il fallait les voir guetter le dernier couplet, s'arracher les romances de la bouche. Personne ne sentait plus le froid. Ceux qui étaient sur l'estrade, ceux qui en descendaient, et aussi ceux qui attendaient leur tour, la romance au bord du gosier, tous étaient rouges, suants, l'œil allumé. La vanité leur tenait chaud.

Il y avait là des célébrités de quartier, un tapissier poëte qui demanda à lire une chansonnette de sa composition, l'*Égoïste*, avec le refrain : *Chacun pour soi*. Et comme il avait un défaut de langue, il disait : l'*égoïfte* et *facun pour foi*. C'était une satire contre les bourgeois ventrus qui aiment mieux rester au coin de leur feu que d'aller aux avant-postes; et je verrai toujours cette bonne tête de fabuliste, son képi sur l'oreille et sa jugulaire au menton, soulignant tous les mots de sa chansonnette, et nous décochant son refrain d'un air malicieux :

Facun pour foi... Facun pour foi.

Pendant ce temps, le canon chantait, lui aussi, mêlant sa basse profonde aux roulades des mitrailleuses. Il disait les blessés mourant de froid dans la neige, l'agonie aux revers des routes dans des mares de sang gelé, l'obus aveugle, la mort noire arrivant de tous côtés à travers la nuit...

Et le concert de la huitième allait toujours son train !

Maintenant nous en étions aux gaudrioles. Un vieux rigolo, l'œil éraillé et le nez rouge, se trémoussait sur l'estrade, dans un délire de trépignements, de bis, de bravos. Le gros rire des obscénités dites entre hommes épanouissait toutes les figures. Du coup, la cantinière s'était réveillée, et serrée dans la foule, dévorée par tous ces yeux, se tordait de rire elle aussi, pendant que le vieux entonnait de sa voix de rogomme : *Le bon Dieu, soûl comme un...*

Je n'y tenais plus ; je sortis. Mon tour de faction allait venir ; mais tant pis ! il me fallait de l'espace et de l'air et je marchai devant moi, longtemps, jusqu'à la Seine. L'eau était noire, le quai désert. Paris sombre, privé de gaz, s'endormait dans un cercle de feu ; les éclairs des canons clignotaient tout autour, et des rougeurs d'incendie s'allumaient de place en place sur les hauteurs. Tout près de moi, j'entendais des voix basses, pressées, distinctes dans l'air froid. On haletait, on s'encourageait...

« Oh ! hisse...! »

Puis les voix s'arrêtaient tout à coup, comme dans l'ardeur d'un grand travail qui absorbe toutes les forces de l'être. En m'approchant du bord, je finis par distinguer dans cette vague lueur qui monte de l'eau la plus noire une canonnière arrêtée au pont de Bercy et s'efforçant de remonter le courant. Des lanternes secouées au mouvement de l'eau, le grincement des câbles que halaient les marins, marquaient bien les ressauts, les reculs, toutes les péripéties de cette lutte contre la mauvaise volonté de la rivière et de la nuit... Brave petite canonnière, comme tous ces retards l'impatientaient ! Furieuse, elle battait l'eau de ses roues, la faisait bouillonner sur place... Enfin un effort suprême la poussa en avant. Hardi garçons ! Et quand elle eût passé et qu'elle s'avança toute droite dans le brouillard, vers la bataille qui l'appelait, un grand cri de : « Vive la France ! » retentit sous l'écho du pont.

Ah ! que le concert de la huitième était loin !

XXXVI

LE BAC

Avant la guerre il y avait là un beau pont suspendu, deux hautes piles de pierre blanche et des cordages goudronnés qui filaient sur les horizons de la Seine avec cette apparence aérienne qui rend si beaux les ballons et les navires. Sous les grandes arches du milieu, la *chaîne* passait deux fois par jour dans des tourbillons de fumée, sans même avoir besoin d'abaisser ses tuyaux; sur les côtés, on abritait les battoirs, les escabeaux des laveuses, et des petits bateaux de pêche retenus par des anneaux. Une allée de peupliers, tendue entre les prés comme un grand rideau vert agité

à la fraîcheur de l'eau, conduisait au pont. C'était charmant.

Cette année, tout est changé. Les peupliers, toujours debout, mènent au vide. Il n'y a plus de pont. Les deux piles ont sauté, éparpillant tout autour les pierres qui sont restées là. La petite maison blanche du péage, à moitié détruite par la secousse, a l'air d'une ruine toute neuve, barricade ou démolition. Les cordes, les fils de fer trempent tristement; le tablier affaissé dans le sable forme, au milieu de l'eau, comme une grande épave surmontée d'un drapeau rouge pour avertir les mariniers, et tout ce que la Seine emporte d'herbes coupées, de planches moisies s'arrête là en un barrage tout plein de remous et de tourbillons. Il y a une déchirure dans le paysage, quelque chose d'ouvert et qui sent le désastre. Pour achever d'attrister l'horizon, l'allée qui menait au pont s'est éclaircie. Tous ces beaux peupliers si touffus, dévorés jusqu'au faîte par les larves, — les arbres ont leurs invasions, eux aussi, — étendent leurs branches sans bourgeons, amincies, déchiquetées; et dans la grande avenue, inutile et déserte, les gros papillons blancs volent lourdement...

En attendant que le pont soit reconstruit, on a installé près de là un bac, un de ces immenses radeaux où l'on embarque les voitures tout attelées, des chevaux de labour avec leur charrue et des vaches qui arrondissent leurs yeux tranquilles à la vue et au mouvement de l'eau. Les bêtes et les attelages tiennent le milieu ; sur le côté, des passagers, des paysans, des enfants qui vont à l'école du bourg, des Parisiens en villégiature. Des voiles, des rubans flottent auprès des longes de chevaux. On dirait un radeau de naufragés. Le bac s'avance lentement. La Seine, si longue à traverser, paraît bien plus large qu'autrefois, et derrière les ruines du pont écroulé, entre ces deux rives presque étrangères l'une à l'autre, l'horizon s'agrandit avec une sorte de solennité triste.

Ce matin-là j'étais arrivé de très-bonne heure pour traverser l'eau. Il n'y avait encore personne sur la plage. La petite maison du passeur, un vieux wagon immobilisé dans le sable humide, était fermée, toute ruisselante de brouillard ; dedans, on entendait des enfants qui toussaient.

« Ohé, Eugène !

— Voilà, voilà ! » fit le passeur, qui arrivait en se traînant. C'est un beau marinier, encore assez jeune, mais il a servi comme artilleur dans la dernière guerre, et il en est revenu perclus de rhumatismes avec un éclat d'obus à la jambe et la figure toute balafrée. Le brave homme sourit en me voyant :

« Nous ne serons pas gênés, ce matin, monsieur. »

En effet, j'étais seul sur le bac; mais, avant qu'il eût détaché son amarre, il nous arriva du monde. D'abord une grosse fermière aux yeux clairs, s'en allant au marché de Corbeil, avec deux grands paniers passés sous les bras, qui mettaient d'aplomb sa taille rustique, et la faisaient marcher ferme et droit; puis derrière elle, dans le chemin creux, d'autres voyageurs qu'on apercevait vaguement à travers la brume, et dont nous entendions les voix. C'était une voix de femme, douce, pleine de larmes :

« Oh! monsieur Chachignot, je vous en prie, ne nous faites pas avoir de la peine... Vous voyez qu'il travaille maintenant... Donnez-lui du temps pour payer... c'est tout ce qu'il demande.

— J'en ai assez donné, du temps... j'en donne plus, répondait une voix de vieux paysan, édentée et cruelle; ça regarde l'huissier à cette heure. Il fera ce qu'il voudra... Ohé! Eugène! »

— « C'est ce gueux de Chachignot,

me dit le passeur à voix basse... Voilà ! Voilà ! »

A ce moment, je vis arriver sur la plage un grand vieux, affublé d'une redingote de gros drap et d'un chapeau de soie, tout neuf, très-haut de forme. Ce paysan hâlé, crevassé, dont les mains noueuses étaient déformées par la pioche, paraissait encore plus noir, plus brûlé, dans son vêtement de monsieur. Un front têtu, un grand nez crochu d'Indien apache, une bouche pincée, aux rides pleines de malice, lui donnaient une physionomie féroce qui allait bien avec ce nom de Chachignot.

« Allons, Eugène, vite en route, » fit-il en sautant dans le bac, et sa voix tremblait de colère. La fermière s'approcha de lui pendant qu'il démarrait :

« A qui en avez-vous donc, père Chachignot ?

— Tiens ! c'est toi, la Blanche ?... M'en parle pas. Je suis furieux... c'est ces canailles de Mazilier ! » Et il mon trait du poing une petite ombre chétive, qui remontait le chemin creux en sanglotant.

« — Qu'est-ce qu'ils vous ont fait, ces gens-là ?

— Ils m'ont fait qu'ils me doivent quatre termes et tout mon vin, et que je ne peux pas en avoir un sou !... Aussi je vas chez l'huissier de ce pas, pour faire flanquer tous ces gueux-là dans la rue.

— C'est pourtant un brave homme, ce Mazilier. Il n'y a peut-être pas de sa faute s'il ne vous paye pas... Il y en a tant qui ont perdu pendant cette guerre. »

Le vieux paysan eut une explosion.

« C'est *eun'* bête !... Il pouvait faire sa fortune avec les Prussiens. C'est lui qui n'a pas voulu... Du jour qu'ils sont arrivés, il a fermé son cabaret et décroché son enseigne... Les autres cafetiers ont fait des affaires d'or pendant la guerre : lui n'a pas seulement vendu pour un sou... Pis que cela. Il s'est fait

mettre en prison avec ses insolences...
C'est *eun' bête*, que je te dis... Est-ce
que ça le regardait, lui, toutes ces histoires ? Est-ce qu'il était militaire ?... Il
n'avait qu'à fournir du vin et de l'eau-de-vie à la pratique ; maintenant il pourrait me payer... Canaille, va ! je t'apprendrai à faire le patriote ! »

Et, rouge d'indignation, il se démenait dans sa grande redingote, avec les
gestes balourds des gens de campagne
habitués au bourgeron.

A mesure qu'il parlait, les yeux clairs
de la fermière, tout à l'heure si pleins
de compassion pour les Mazilier, devenaient secs, presque méprisants. C'était
une paysanne, elle aussi, et ces gens-là
n'estiment guère ceux qui refusent de
l'argent. D'abord elle se disait : « C'est
ben malheureux pour la femme, » puis
un moment après : « Ça ! c'est vrai...
Il ne faut pas tourner le dos à la chance... » Sa conclusion fut : « Vous avez
raison, mon vieux père, quand on doit,

il faut payer. » Chachignot, lui, répétait toujours entre ses dents serrées :

« C'est *eun'* bête... C'est *eun'* bête... »

Le passeur, qui les écoutait tout en manœuvrant sa perche le long du bac, crut devoir s'en mêler :

« Ne faites donc pas le méchant comme ça, père Chachignot... A quoi ça vous servira-t-il d'aller chez l'huissier ?... Vous serez bien avancé quand vous aurez fait vendre ces pauvres gens. Attendez donc encore un peu, puisque vous en avez le moyen. »

Le vieux se retourna comme si on l'avait mordu :

« Je te conseille de parler, toi, propre à rien ! Tu en es encore un de ces patriotes... Si ça ne fait pas pitié ! Cinq enfants, pas le sou, et ça s'en va s'amuser à tirer des coups de canon sans y être forcé... Et je vous demande un peu, monsieur (je crois qu'il s'adressait à moi, le misérable !), à quoi tout ça nous a servi ? Lui, par exemple, il y a gagné de s'être fait casser la figure, de perdre une bonne place qu'il avait... Et maintenant le voilà logé comme un bohémien, dans une baraque à tous les vents avec ses enfants qui prennent du mal, et sa femme qui s'éreinte à lessiver... C'est-il pas *eun'* bête, celui-là aussi ? »

Le passeur eut un éclair de colère, et au milieu de sa figure blême je vis sa balafre se creuser profonde et blanche ; mais il eut la force de se contenir et passa sa rage sur la perche, qu'il enfonça dans le sable jusqu'à la tordre. Un mot de trop pouvait lui faire perdre encore cette place ; car M. Chachignot a de l'autorité dans le pays :

Il est du conseil municipal.

XXXVII

LES PETITS PATÉS

I

Ce matin-là, qui était un dimanche, le pâtissier Sureau de la rue Turenne appela son mitron, et lui dit :

« Voilà les petits pâtés de M. Bonnicar... va les porter et reviens vite... Il paraît que les Versaillais sont entrés dans Paris. »

Le petit, qui n'entendait rien à la politique, mit les pâtés tout chauds dans sa tourtière, la tourtière dans une serviette blanche, et, le tout d'aplomb sur sa barrette, partit au galop pour l'île Saint-Louis, où logeait M. Bonnicar. La matinée était magnifique, un de ces grands soleils de mai qui emplissent les fruiteries de bottes de lilas et de cerises en bouquets. Malgré la fusillade lointaine et les appels des clairons au coin des rues, tout ce vieux quartier du Marais gardait sa physionomie paisible. Il y avait du dimanche dans l'air, des rondes d'enfants au fond des cours, de grandes filles jouant au volant devant les portes, et cette petite silhouette blanche, qui trottait au milieu de la chaussée déserte dans un bon parfum de pâte chaude, achevait de donner à ce matin de bataille quelque chose de naïf et d'endimanché. Toute l'animation du quartier semblait s'être répandue dans la rue de Rivoli. On traînait des canons, on travaillait aux barricades. Des groupes à chaque pas, des gardes nationaux qui s'affairaient. Mais le petit pâtissier ne perdit pas la tête. Ces enfants-là sont si habitués à marcher parmi les foules et le brouhaha de la rue ! C'est aux jours de fête et de train, dans l'encombrement des premiers de l'an, des dimanches gras, qu'ils ont le plus à courir; aussi les révolutions ne les étonnent guère.

Il y avait plaisir vraiment à voir la petite barrette blanche se faufiler au milieu des képis et des baïonnettes, évitant les chocs, balancée gentiment, tantôt très-vite, tantôt avec une lenteur forcée où l'on sentait encore la grande envie de courir. Qu'est-ce que cela lui faisait à lui, la bataille ? L'essentiel était d'arriver chez les Bonnicar pour le coup de midi, et d'emporter bien vite le petit pourboire qui l'attendait sur la tablette de l'antichambre.

Tout à coup il se fit dans la foule une poussée terrible ; et des pupilles de la République défilèrent au pas de course, en chantant. C'étaient des gamins de douze à quinze ans, affublés de chassepots, de ceintures rouges, de grandes bottes, aussi fiers d'être déguisés en soldats que quand ils courent, les mardis gras, avec des bonnets en papier et un lambeau d'ombrelle rose grotesque dans la boue du boulevard. Cette fois, au milieu de la bousculade, le petit pâtissier eut beaucoup de peine à garder son équilibre ; mais sa tourtière et lui avaient fait tant de glissades sur la glace, tant de parties de marelle en plein trottoir, que les petits pâtés en furent quittes pour la peur. Malheureusement cet entrain, ces chants, ces ceintures rouges, l'admiration, la curiosité, donnèrent au mitron l'envie de faire un bout de route en si belle compagnie ; et, dépassant sans s'en apercevoir l'Hôtel de ville et les ponts de l'île Saint-Louis, il se trouva emporté je ne sais où, dans la poussière et le vent de cette course folle.

II

Depuis au moins vingt-cinq ans, c'était l'usage chez les Bonnicar de manger des petits pâtés le dimanche. A midi très-précis, quand toute la famille — petits et grands — était réunie dans le salon, un coup de sonnette vif et gai faisait dire à tout le monde :

« Ah !... voilà le pâtissier. »

Alors, avec un grand remuement de chaises, un froufrou d'endimanchement, une expansion d'enfants rieurs devant la table mise, tous ces bourgeois heureux s'installaient autour des petits pâtés symétriquement empilés sur le réchaud d'argent.

Ce jour-là la sonnette resta muette. Scandalisé, M. Bonnicar regardait sa pendule, une vieille pendule surmontée d'un héron empaillé, et qui n'avait jamais de la vie avancé ni retardé. Les enfants bâillaient aux vitres, guettant le coin de rue où le mitron tournait d'ordinaire. Les conversations languissaient; et la faim, que midi creuse de ses douze coups répétés, faisait paraître la salle à manger bien grande, bien triste malgré l'antique argenterie luisante sur la nappe damassée, et les serviettes pliées tout autour en petits cornets raides et blancs.

Plusieurs fois déjà la vieille bonne était venue parler à l'oreille de son maître... rôti brûlé... petits pois trop cuits... Mais M. Bonnicar s'entêtait à ne pas se mettre à table sans les petits pâtés; et, furieux contre Sureau, il résolut d'aller voir lui-même ce que signifiait un retard aussi inouï. Comme il sortait, en brandissant sa canne, très en colère, des voisins l'avertirent :

« Prenez garde, M. Bonnicar... on dit que les Versaillais sont entrés dans Paris. »

Il ne voulut rien entendre, pas même la fusillade qui s'en venait de Neuilly à fleur d'eau, pas même le canon d'alarme de l'Hôtel de ville secouant toutes les vitres du quartier.

« Oh! ce Sureau... ce Sureau! »

Et dans l'animation de la course il parlait seul, se voyait déjà là-bas au milieu de la boutique, frappant les dalles avec sa canne, faisant trembler les glaces de la vitrine et les assiettes de babas. La barricade du pont Louis-Philippe coupa sa colère en deux. Il y avait là quelques fédérés à mine féroce, vautrés au soleil sur le sol dépavé.

« Où allez-vous, citoyen? »

Le citoyen s'expliqua; mais l'histoire des pâtés parut suspecte, d'autant que M. Bonnicar avait sa belle redingote des dimanches, des lunettes d'or, toute la tournure d'un vieux réactionnaire.

« C'est un mouchard, dirent les fédérés, il faut l'envoyer à Rigault. »

Sur quoi, quatre hommes de bonne volonté, qui n'étaient pas fâchés de quitter la barricade, poussèrent devant eux à coups de crosse le pauvre homme exaspéré.

Je ne sais pas comment ils firent leur compte, mais, une demi-heure après, ils étaient tous raflés par la ligne et s'en allaient rejoindre une longue colonne de prisonniers prête à se mettre en marche pour Versailles. M. Bonnicar protestait de plus en plus, levait sa canne, racontait son histoire pour la centième fois. Par malheur cette invention de petits pâtés paraissait si absurde, si incroyable au milieu de ce grand bouleversement, que les officiers ne faisaient qu'en rire.

« C'est bon, c'est bon, mon vieux..... Vous vous expliquerez à Versailles. »

Et par les Champs-Élysées, encore tout blancs de la fumée des coups de feu, la colonne s'ébranla entre deux files de chasseurs.

III

Les prisonniers marchaient cinq par cinq, en rang pressés et compactes. Pour empêcher le convoi de s'éparpiller, on les obligeait à se donner le bras ; et le long troupeau humain faisait en piétinant dans la poussière de la route comme le bruit d'une grande pluie d'orage.

Le malheureux Bonnicar croyait rêver. Suant, soufflant, ahuri de peur et de fatigue, il se traînait à la queue de la colonne entre deux vieilles sorcières qui sentaient le pétrole et l'eau-de-vie ; et d'entendre ces mots de : « pâtissier, petits pâtés, » qui revenaient toujours dans ses imprécations, on pensait autour de lui qu'il était devenu fou.

Le fait est que le pauvre homme n'avait plus sa tête. Aux montées, aux descentes, quand les rangs du convoi se desserraient un peu, est-ce qu'il ne se figurait pas voir, là-bas, dans la poussière qui remplissait les vides, la veste blanche et la barrette du petit garçon de chez Sureau? Et cela dix fois dans la route! Ce petit éclair blanc passait devant ses yeux comme pour le narguer, puis disparaissai au milieu de cette houle d'uniformes, de blouses, de haillons.

Enfin, au jour tombant, on arriva dans Versailles; et quand la foule vit ce vieux bourgeois à lunettes, débraillé, poussiéreux, hagard, tout le monde fut d'accord pour lui trouver une tête de scélérat. On disait :

« C'est Félix Pyat... Non! c'est Delescluze. »

Les chasseurs de l'escorte eurent beaucoup de peine à l'amener sain et sauf jusqu'à la cour de l'Orangerie. Là seulement le pauvre troupeau put se disperser, s'allonger sur le sol, reprendre haleine. Il y en avait qui dormaient, d'autres qui juraient, d'autres qui toussaient, d'autres qui pleuraient ; Bonnicar lui, ne dormait pas, ne pleurait pas. Assis au bord d'un perron, la tête dans ses mains, aux trois quarts mort de faim, de honte, de fatigue, il revoyait en esprit cette malheureuse journée, son départ de là-bas, ses convives inquiets, ce couvert mis jusqu'au soir et qui devait l'attendre encore, puis l'humiliation, les injures, les coups de crosse, tout cela pour un pâtissier inexact.

« Monsieur Bonnicar, voilà vos petits pâtés, » dit tout à coup une voix près de lui ; et le bonhomme en levant la tête fut bien étonné de voir le petit garçon de chez Sureau, qui s'était fait pincer avec les pupilles de la République, découvrir et lui présenter la tourtière cachée sous son tablier blanc. C'est ainsi que, malgré l'émeute et l'emprisonnement, ce dimanche-là comme les autres, M. Bonnicar mangea des petits pâtés.

XXXVIII

SALVETTE ET BERNADOU

I

C'est la veille de Noël, dans une grosse ville de Bavière. Par les rues blanches de neige, dans la confusion du brouillard, le bruit des voitures et des cloches, la foule se presse, joyeuse, aux rôtisseries en plein vent, aux baraques, aux étalages. Frôlant avec un bruissement léger les boutiques enrubannées et fleuries, des branches de houx vert, des sapins entiers chargés de pendeloques passent portés à bras, dominant toutes les têtes, comme une ombre des forêts de Thuringe, un souvenir de nature dans la vie factice de l'hiver. Le jour tombe. Là-bas, derrière les jardins de la Résidence, on voit encore une lueur de soleil couchant, toute rouge à travers la brume, et il y a par la ville une telle gaieté, tant de préparatifs de fête que chaque lumière qui s'allume aux vitres semble pendre à un arbre de Noël. C'est qu'aujourd'hui n'est pas un Noël ordinaire! Nous sommes en l'an de grâce mil huit cent soixante-dix, et la naissance du Christ n'est qu'un prétexte de plus pour boire à l'illustre Von der Than et célébrer le triomphe des guerriers bavarois. Noël! Noël! Les juifs de la ville basse eux-mêmes sont en liesse. Voilà le vieil Augustus Cahn qui tourne en courant le coin de la *Grappe bleue*. Jamais ses yeux de furet n'ont relui comme ce soir. Jamais sa petite quouette en broussaille n'a frétillé si allègrement. Dans sa manche usée aux cordes des besaces est passé un honnête petit panier, plein jusqu'aux bords, couvert d'une serviette bise, avec le goulot d'une bouteille et une branche de houx qui dépassent.

Que diable le vieil usurier compte-t-il faire de tout cela ? Est-ce qu'il fêterait Noël, lui aussi ? Aurait-il réuni ses amis, sa famille, pour boire à la patrie allemande ?... Mais non. Tout le monde sait bien que le vieux Cahn n'a pas de patrie. Son *Vaterland* à lui, c'est son coffre-fort. Il n'a pas de famille non plus, pas d'amis ; rien que des créanciers. Ses fils, ses associés plutôt, sont partis depuis trois mois avec l'armée. Ils trafiquent là-bas derrière les fourgons de la landwehr, vendant de l'eau-de-vie, achetant des pendules, et, les soirs de bataille, s'en allant retourner les poches des morts, éventrer les sacs tombés aux fossés des routes. Trop vieux pour suivre ses enfants, le père Cahn est resté en Bavière, et il y fait des affaires magnifiques avec les prisonniers français. Toujours à rôder autour des baraquements, c'est lui qui rachète les montres, les aiguillettes, les médailles, les bons sur la poste. On le voit se glisser dans les hôpitaux, dans les ambulances. Il s'approche du lit des blessés, et leur demande tout bas en son hideux baragouin :

« *Afez-fus guelgue jôsse à fentre ?* »

Et tenez ! en ce moment même, si vous le voyez trotter si vite avec son panier sous le bras, c'est que l'hôpital militaire ferme à cinq heures, et qu'il y a deux Français qui l'attendent là-haut dans cette grande maison noire aux fenêtres grillées et étroites, où Noël n'a, pour éclairer sa veillée, que les pâles lumières qui gardent le chevet des mourants...

II

Ces deux Français s'appellent Salvette et Bernadou. Ce sont deux chasseurs à pied, deux Provençaux du même village, enrôlés au même bataillon et blessés par le même obus. Seulement Salvette avait la vie plus dure, et déjà il commence à se lever, à faire quelques pas de son lit à la fenêtre. Bernadou, lui, ne veut pas guérir. Dans les rideaux blafards de son lit d'hospice, sa figure paraît plus maigre, plus languissante de jour en jour ; et quand il parle du pays, du retour, c'est avec ce sourire triste des malades, où il y a bien plus de résignation que d'espérance. Aujourd'hui cependant il s'est animé un peu, en pensant à cette belle fête de Noël qui dans nos campagnes de Provence ressemble à un grand feu de joie allumé au milieu de l'hiver, en se rappelant les sorties des messes de minuit, l'église parée et lumineuse, les rues du village toutes noires, pleines de monde, puis la longue veillée autour de la table, les trois flambeaux traditionnels, l'aïoli, les escargots et la jolie cérémonie du *cacho fio* (bûche de Noël) que le grand-père promène autour de la maison et arrose avec du vin cuit.

« Ah! mon pauvre Salvette, quel triste Noël nous allons faire cette année!... Si seulement on avait eu de quoi se payer un petit pain blanc et une fiole de vin clairet!... Ça m'aurait fait plaisir, avant de passer l'arme à gauche, d'arroser encore une fois le *cacho fio* avec toi... »

Et en parlant de pain blanc et de vin clairet, le malade a ses yeux qui brillent. Mais comment faire? Ils n'ont plus rien, les malheureux, ni argent, ni montre. Salvette garde bien encore dans la doublure de sa veste un bon de poste de quarante francs. Seulement c'est pour le jour où ils seront libres, et la première halte qu'on fera dans une auberge de France. Cet argent-là est sacré. Pas moyen d'y toucher... Pourtant ce pauvre Bernadou est si malade! Qui sait s'il pourra jamais se remettre en route pour retourner là-bas? Et puisque voilà un beau Noël qu'on peut encore fêter ensemble, est-ce qu'il ne vaudrait pas mieux en profifer ?

Alors, sans rien dire à son *pays*, Salvette a décousu sa tunique pour prendre le bon de poste, et quand le vieux Cahn est venu comme tous les matins faire sa tournée dans les salles, après de longs débats, des discussions à voix basse, il lui a glissé dans la main ce carré de papier, raide et jauni, sentant la poudre et taché de sang. Depuis ce moment, Salvette a pris un air de mystère. Il se frotte les mains et rit tout seul en regardant Bernadou. Et maintenant que le jour tombe, il est là à guetter, le front collé aux vitres, jusqu'à ce qu'il ait vu dans le brouillard de la place déserte le vieil Augustus Cahn tout essoufflé, qui arrive, un petit panier au bras.

III

Ce minuit solennel, qui sonne à tous les clochers de la ville, tombe lugubrement dans la nuit blanche des malades. La salle d'hospice est silencieuse, éclairée seulement par les veilleuses suspendues au plafond. De grandes ombres errantes flottent sur les lits, les murs nus, avec un balancement perpétuel qui semble la respiration oppressée de tous les gens étendus là. Par moment, il y a des rêves qui parlent haut, des cauchemars qui gémissent, pendant que de la rue montent un murmure vague, des pas, des voix, confondus dans la nuit sonore et froide comme sous un porche de cathédrale. On sent la hâte recueillie, le mystère d'une fête religieuse traversant l'heure du sommeil et mettant dans la ville éteinte la lueur sourde des lanternes et l'embrasement des vitraux d'église.

— « Est-ce que tu dors, Bernadou?... »
Tout doucement, sur la petite table, près du lit de son ami, Salvette a posé une bouteille de vin de Lunel, un pain rond, un joli pain de Noël où la branche de houx est plantée toute droite. Le blessé ouvre ses yeux cernés de fièvre. A la lumière indécise des veilleuses et sous le reflet blanc des grands toits où la lune s'éblouit dans la neige, ce Noël improvisé lui semble fantastique. — « Allons, réveille-toi, pays... Il ne sera pas dit que deux Provençaux auront laissé passer le réveillon, sans l'arroser d'un coup de clairette... » Et Salvette le redresse avec des soins de mère. Il emplit les gobelets, coupe le pain ; et l'on trinque, et l'on parle de la Provence. Peu à peu Bernadou s'anime, s'attendrit. Le vin blanc, les souvenirs... Avec cette enfance que les malades retrouvent au fond de leur faiblesse, il demande à Salvette de lui chanter un Noël provençal. Le camarade ne demande pas

mieux : « Voyons, lequel veux-tu ? Celui de l'*Hôte ?* ou les *Trois Rois ?* ou *Saint Joseph m'a dit ?*

— « Non ! j'aime mieux les *Bergers.* C'est celui que nous chantions toujours à la maison... »

Va pour les *Bergers !* A demi-voix, la tête dans les rideaux, Salvette commence à fredonner. Tout à coup, au dernier couplet, quand les pâtres, venant voir Jésus dans son étable, ont déposé sur la crèche leur offrande d'œufs frais et de fromageons et que, les congédiant d'un air affable,

> Joseph leur dit : Allons ! soyez bien sages,
> Tournez-vous-en et faites bon voyage.
> Bergers,
> Prenez votre congé...

voilà le pauvre Bernadou qui glisse et retombe lourdement sur l'oreiller. Son camarade, pensant qu'il s'endort, l'appelle, le secoue. Mais le blessé reste immobile, et la petite branche de houx en travers sur le drap rigide semble déjà la palme verte que l'on met au chevet des morts.

Salvette a compris. Alors, tout pleurant, un peu ivre de la fête et d'une si grande douleur, il reprend à pleine voix dans le silence du dortoir le joyeux refrain de Provence :

Bergers,
Prenez votre congé.

XXXIX

LE SIÉGE DE BERLIN

Nous remontions l'avenue des Champs-Élysées avec le docteur V...., demandant aux murs troués d'obus, aux trottoirs défoncés par la mitraille, l'histoire de Paris assiégé, lorsqu'un peu avant d'arriver au rond-point de l'Étoile, le docteur s'arrêta, et me montrant une de ces grandes maisons de coin si pompeusement groupées autour de l'Arc-de-Triomphe :

« Voyez-vous, me dit-il, ces quatre fenêtres fermées là-haut sur ce balcon ? Dans les premiers jours du mois d'août, ce terrible mois d'août de l'an soixante-dix, si lourd d'orages et de désastres, je fus appelé là pour un cas d'apoplexie foudroyante. C'était chez le colonel Jouve, un cuirassier du premier Empire, vieil entêté de gloire et de patriotisme, qui dès le début de la guerre était venu se loger aux Champs-Élysées, dans un appartement à balcon... Devinez pourquoi? Pour assister à la rentrée triomphale de nos troupes... Pauvre vieux ! La nouvelle de Wissembourg lui arriva comme il sortait de table. En lisant le nom de Napoléon au bas de ce bulletin de défaite, il était tombé foudroyé.

« Je trouvai l'ancien cuirassier étendu de tout son long sur le tapis de la chambre, la face sanglante et inerte comme s'il avait reçu un coup de massue sur la tête. Debout, il devait être très-grand; couché, il avait l'air immense. De beaux traits, des dents superbes, une toison de cheveux blancs tout frisés, quatre-vingts ans qui en paraissaient soixante... Près de lui sa petite-fille à genoux et toute en larmes. Elle lui ressemblait. A les voir l'un à côté de l'autre, on eût dit deux belles médailles grecques frappées à la même empreinte, seulement l'une antique, terreuse, un peu effacée sur les contours, l'autre resplendissante et nette, dans tout l'éclat et le velouté de l'empreinte nouvelle.

« La douleur de cette enfant me toucha. Fille et petite-fille de soldat, elle avait son père à l'État-major de Mac-Mahon, et l'image de ce grand vieillard étendu devant elle évoquait dans son esprit une autre image non moins terrible. Je la rassurai de mon mieux; mais, au fond, je gardais peu d'espoir. Nous avions affaire à une belle et bonne hémiplégie, et, à quatre-vingts ans, on n'en revient guère. Pendant trois jours, en effet, le malade resta dans le même état d'immobilité et de stupeur.... Sur ces entrefaites, la nouvelle de Reischoffen arriva à Paris. Vous vous rappelez de quelle étrange façon. Jusqu'au soir, nous crûmes tous à une grande victoire, vingt mille Prussiens tués, le prince royal prisonnier... Je ne sais par quel miracle, quel courant magnétique, un écho de cette joie nationale alla chercher notre pauvre sourd-muet jusque dans les limbes de sa paralysie; toujours est-il que ce soir-là, en m'approchant de son lit, je ne trouvai plus le même homme. L'œil était presque clair, la langue moins lourde. Il eut la force de me sourire et bégaya deux fois:

« Vic...toi...re !

— Oui, colonel, grande victoire !...

« Et à mesure que je lui donnais des détails sur le beau succès de Mac-Mahon, je voyais ses traits se détendre, sa figure s'éclairer.

« Quand je sortis, la jeune fille m'attendait, pâle et debout devant la porte. Elle sanglotait.

« Mais il est sauvé ! » lui dis-je en lui prenant les mains.

« La malheureuse enfant eut à peine le courage de me répondre. On venait d'afficher le vrai Reichshoffen, Mac-Mahon en fuite, toute l'armée écrasée... Nous nous regardâmes consternés. Elle se désolait en pensant à son père. Moi, je tremblais en pensant au vieux. Bien sûr, il ne résisterait pas à cette nouvelle secousse... Et cependant comment faire?... Lui laisser sa joie, les illusions qui l'avaient fait revivre?... Mais alors il fallait mentir...

« Eh bien, je mentirai! » me dit l'héroïque fille en essuyant vite ses larmes, et, toute rayonnante, elle rentra dans la chambre de son grand-père.

« C'était une rude tâche qu'elle avait prise là. Les premiers jours on s'en tira encore. Le bonhomme avait la tête faible et se laissait tromper comme un enfant. Mais avec la santé ses idées se firent plus nettes. Il fallut le tenir au courant du mouvement des armées, lui rédiger des bulletins militaires. Il y avait pitié vraiment à voir cette belle enfant penchée nuit et jour sur sa carte d'Allemagne, piquant de petits drapeaux, s'efforçant de combiner toute une campagne glorieuse ; Bazaine sur Berlin, Frossard en Bavière, Mac-Mahon sur la Baltique. Pour tout cela elle me demandait conseil, et je l'aidais autant que je pouvais ; mais c'est le grand-père surtout qui nous servait dans cette invasion imaginaire. Il avait conquis l'Allemagne tant de fois sous le premier Empire ! Il savait tous les coups d'avance : « Maintenant voilà où ils vont aller... Voilà ce qu'on va faire... » et ses prévisions se réalisaient toujours, ce qui ne manquait pas de le rendre très-fier.

« Malheureusement nous avions beau prendre des villes, gagner des batailles, nous n'allions jamais assez vite pour lui. Il était insatiable, ce vieux !.. Chaque jour, en arrivant, j'apprenais un nouveau fait d'armes :

« Docteur, nous avons pris Mayence, » me disait la jeune fille en venant au-devant de moi avec un sourire navré, et j'entendais à travers la porte une voix joyeuse qui me criait :

» Ça marche ! ça marche !... Dans huit jours nous entrerons à Berlin. »

« A ce moment-là les Prussiens n'étaient plus qu'à huit jours de Paris... Nous nous demandâmes d'abord s'il ne valait pas mieux le transporter en province ; mais, sitôt dehors, l'état de la France lui aurait tout appris, et je le trouvais encore trop faible, trop engourdi de sa grande secousse pour lui laisser connaître la vérité. On se décida donc à rester.

« Le premier jour de l'investissement, je montai chez eux — je me souviens — très-ému, avec cette angoisse au cœur que nous donnait à tous les portes de Paris fermées, la bataille sous les murs, nos banlieues devenues frontières. Je trouvai le bonhomme jubilant et fier :

« Eh bien, me dit-il, le voilà donc commencé ce siége !

« Je le regardai stupéfait :

« Comment, colonel, vous savez…? »

« Sa petite-fille se tourna vers moi :

« Eh ! oui, docteur… C'est la grande nouvelle… Le siége de Berlin est commencé. »

« Elle disait cela en tirant son aiguille, d'un petit air si posé, si tranquille… Comment se serait-il douté de quelque chose ! Le canon des forts, il ne pouvait pas l'entendre. Ce malheureux Paris, sinistre et bouleversé, il ne pouvait pas le voir. Ce qu'il apercevait de son lit, c'était un pan de l'Arc de triomphe, et, dans sa chambre, autour de lui, tout un bric-à-brac du premier Empire bien fait pour entretenir ses illusions. Des portraits de maréchaux, des gravures de batailles, le roi de Rome en robe de baby ; puis de grandes consoles toutes raides, ornées de cuivres à trophées, chargées de reliques impériales, des médailles, des bronzes, un rocher de Sainte-Hélène sous globe, des miniatures représentant la même dame frisottée, en tenue de bal, en robe jaune, des manches à gigots et des yeux clairs, — et tout cela, les consoles, le roi de Rome, les maréchaux, les dames jaunes, avec la taille montante, la ceinture haute, cette raideur engoncée qui était la grâce de 1806... Brave colonel ! c'est cette atmosphère de victoires et conquêtes, encore plus que tout ce que nous pouvions lui dire, qui le faisait croire si naïvement au siége de Berlin.

« A partir de ce jour, nos opérations militaires se trouvèrent bien simplifiées. Prendre Berlin, ce n'était plus qu'une affaire de patience. De temps en temps, quand le vieux s'ennuyait trop, on lui lisait une lettre de son fils, lettre imaginaire bien entendu, puisque rien n'entrait plus dans Paris, et que, depuis Sedan, l'aide de camp de Mac-Mahon avait été dirigé sur une forteresse d'Allemagne. Vous figurez-vous le désespoir de cette pauvre enfant sans nouvelle de son père, le sachant prisonnier, privé de tout, malade peut-être, et obligée de le faire parler dans des lettres joyeuses, un peu courtes, comme pouvait en écrire un soldat en campagne, allant toujours en avant dans le pays conquis? Quelquefois la force lui manquait; on restait des semaines sans nouvelles. Mais le vieux s'inquiétait, ne dormait plus. Alors vite arrivait une lettre d'Allemagne qu'elle venait lui lire gaiement près de son lit, en retenant ses larmes. Le colonel écoutait religieusement, souriait d'un air entendu, approuvait, critiquait, nous expliquait les passages un peu troubles. Mais où il était beau surtout, c'est dans les réponses qu'il envoyait à son fils : « N'oublie jamais que tu es « Français, lui disait-il... Sois généreux « pour ces pauvres gens. Ne leur fais « pas l'invasion trop lourde... » Et c'étaient des recommandations à n'en plus finir, d'adorables prêchi-prêcha sur le respect des propriétés, la politesse qu'on doit aux dames, un vrai code d'honneur militaire à l'usage des conquérants. Il y mêlait aussi quelques considérations générales sur la politique, les conditions de la paix à imposer aux vaincus. Là-dessus, je dois le dire, il n'était pas exigeant :

— « L'indemnité de guerre, et rien
« de plus... A quoi bon leur prendre
« des provinces ?... Est-ce qu'on peut
« faire de la France avec de l'Allema-
« gne ?... »

« Il dictait cela d'une voix ferme, et l'on sentait tant de candeur dans ses paroles, une si belle foi patriotique, qu'il était impossible de ne pas être ému en l'écoutant.

« Pendant ce temps-là, le siége avançait toujours, pas celui de Berlin, hélas !... C'était le moment du grand froid, du bombardement, des épidémies, de la famine. Mais, grâce à nos soins, à nos efforts, à l'infatigable tendresse qui se multipliait autour de lui, la sérénité du vieillard ne fut pas un instant troublée. Jusqu'au bout je pus lui avoir du pain blanc, de la viande fraîche. Il n'y en avait que pour lui, par exemple ; et vous ne pouvez rien imaginer de plus touchant que ces déjeuners de grand-père, si innocemment égoïstes, — le vieux sur son lit, frais et riant, la serviette au menton, près de lui sa petite-fille, un peu pâlie par les privations, guidant ses mains, le faisant boire, l'aidant à manger toutes ces bonnes choses défendues. Alors animé par le repas, dans le bien-être de sa chambre chaude, la bise d'hiver au dehors, cette neige qui tourbillonnait à ses fenêtres, l'ancien cuirassier se rappelait ses campagnes dans le Nord, et nous racontait pour la centième fois cette sinistre retraite de Russie où l'on n'avait à manger que du biscuit gelé et de la viande de cheval.

— « Comprends-tu cela, petite ? Nous
« mangions du cheval ! »

« Je crois bien qu'elle le comprenait.

Depuis deux mois, elle ne mangeait pas autre chose... De jour en jour cependant, à mesure que la convalescence approchait, notre tâche autour du malade devenait plus difficile. Cet engourdissement de tous ses sens, de tous ses membres, qui nous avait si bien servis jusqu'alors, commençait à se dissiper. Deux ou trois fois déjà, les terribles bordées de la porte Maillot l'avaient fait bondir, l'oreille dressée comme un chien de chasse ; on fut obligé d'inventer une dernière victoire de Bazaine sous Berlin, et des salves tirées en cet honneur aux Invalides. Un autre jour qu'on avait poussé son lit près de la fenêtre, — c'était, je crois, le jeudi de Buzenval, — il vit très-bien des gardes nationaux qui se massaient sur l'avenue de la Grande-Armée.

« Qu'est-ce que c'est donc que ces troupes-là ? » demanda le bonhomme, et nous l'entendions grommeler entre ses dents :

« Mauvaise tenue ! mauvaise tenue ! »

« Il n'en fut pas autre chose ; mais nous comprîmes que dorénavant il fallait prendre de grandes précautions. Malheureusement on n'en prit pas assez.

« Un soir, comme j'arrivais, l'enfant vint à moi toute troublée :

— « C'est demain qu'ils entrent, » me dit-elle.

« La chambre du grand-père était-elle ouverte ? Le fait est que depuis, en y songeant, je me suis rappelé qu'il avait, ce soir-là, une physionomie extraordinaire. Il est probable qu'il nous avait entendus. Seulement nous parlions des Prussiens, nous ; et le bonhomme pensait aux Français, à cette entrée triomphale qu'il attendait depuis si longtemps, — Mac-Mahon descendant l'avenue dans les fleurs, dans les fanfares, son fils à côté du maréchal, et lui, le vieux, sur son balcon, en grande tenue comme à Lutzen, saluant les drapeaux troués et les aigles noires de poudre...

« Pauvre père Jouve ! Il s'était sans

doute imaginé qu'on voulait l'empêcher d'assister à ce défilé de nos troupes, pour lui éviter une trop grande émotion. Aussi se garda-t-il bien de parler à personne; mais le lendemain, à l'heure même où les bataillons prussiens s'engageaient timidement sur la longue voie qui mène de la porte Maillot aux Tuileries, la fenêtre de là-haut s'ouvrit doucement, et le colonel parut sur le balcon avec son casque, sa grande latte, toute sa vieille défroque glorieuse d'ancien cuirassier de Milhaud. Je me demande encore quel effort de volonté, quel sursaut de vie l'avait ainsi mis sur pied et harnaché. Ce qu'il y a de sûr, c'est qu'il était là, debout derrière la rampe, s'étonnant de trouver les avenues si larges, si muettes, les persiennes des maisons fermées, Paris sinistre comme un grand lazaret, partout des drapeaux, mais si singuliers, tout blancs avec des croix rouges, et personne pour aller au-devant de nos soldats.

« Un moment il put croire qu'il s'était trompé...

« Mais non ! là-bas, derrière l'Arc de triomphe, c'était un bruissement confus, une ligne noire qui s'avançait dans le jour levant... Puis, peu à peu, les aiguilles des casques brillèrent, les petits tambours d'Iéna se mirent à battre, et sous l'arc de l'Étoile, rhythmée par le pas lourd des sections, par le heurt des sabres, éclata la marche triomphale de Schubert.

« Alors, dans le silence morne de la place, on entendit un cri, un cri terrible : « Aux armes !... aux armes !... les Prus-« siens ! » Et les quatre uhlans de l'avant-garde purent voir là-haut, sur le balcon, un grand vieillard chanceler en remuant les bras, et tomber raide. Cette fois le colonel Jouve était bien mort. »

XL

LE MAUVAIS ZOUAVE

Le grand forgeron Lory de Sainte-Marie-aux-Mines n'était pas content ce soir-là.

D'habitude, sitôt la forge éteinte, le soleil couché, il s'asseyait sur un banc devant sa porte pour savourer cette bonne lassitude que donne le poids du travail et de la chaude journée, et avant de renvoyer les apprentis il buvait avec eux quelques longs coups de bière fraîche en regardant la sortie des fabriques. Mais, ce soir-là, le bonhomme resta dans sa forge jusqu'au moment de se mettre à table; et encore y vint-il comme à regret. La vieille Lory pensait en regardant son homme :

« Qu'est-ce qu'il lui arrive?... Il a peut-être reçu du régiment quelque mauvaise nouvelle qu'il ne veut pas me dire?... L'aîné est peut-être malade... »

Mais elle n'osait rien demander et s'occupait seulement à faire taire trois petits blondins couleur d'épis brûlés, qui riaient autour de la nappe en croquant une bonne salade de radis noir à la crème.

A la fin, le forgeron repoussa son assiette en colère :

« Ah! les gueux! ah! les canailles!...

— A qui en as-tu, voyons, Lory? »

Il éclata :

« J'en ai, dit-il, à cinq ou six drôles qu'on voit rouler depuis ce matin dans la ville en costume de soldat français, bras dessus bras dessous avec les Bavarois... C'est encore de ceux-là qui ont... comment disent-ils ça?... opté pour la nationalité de Prusse... Et dire que tous les jours nous en voyons revenir de ces faux Alsaciens!... Qu'est-ce qu'on leur a donc fait boire ? »

La mère essaya de les défendre :

« Que veux-tu, mon pauvre homme ? ce n'est pas tout à fait leur faute, à ces enfants... C'est si loin, cette Algérie d'Afrique où on les envoie !... Ils ont le mal du pays là-bas ; et la tentation est bien forte pour eux de revenir, de n'être plus soldats. »

Lory donna un grand coup de poing sur la table :

« Tais-toi, la mère !... vous autres, femmes, vous n'y entendez rien. A force de vivre toujours avec les enfants et rien que pour eux, vous rapetissez tout à la taille de vos marmots... Eh bien, moi, je te dis que ces hommes-là sont des gueux, des renégats, les derniers des lâches, et que si par malheur notre Christian était capable d'une infamie pareille, aussi vrai que je m'appelle Georges Lory et que j'ai servi sept ans aux chasseurs de France, je lui passerais mon sabre à travers le corps. »

Et terrible, à demi levé, le forgeron montrait sa longue latte de chasseur pendue à la muraille au-dessous du portrait de son fils, un portrait de zouave fait là-bas en Afrique; mais de voir cette honnête figure d'Alsacien, toute noire et hâlée du soleil, dans ces blancheurs, ces effacements que font les couleurs vives à la grande lumière, cela le calma subitement, et il se mit à rire :

« Je suis bien bon de me monter la tête... Comme si notre Christian pouvait songer à devenir Prussien, lui qui en a tant descendu pendant la guerre!... »

Remis en belle humeur par cette idée, le bonhomme acheva de dîner gaiement et s'en alla sitôt après vider une couple de chopes à la *Ville de Strasbourg*.

Maintenant la vieille Lory est seule. Après avoir couché ses trois petits blondins qu'on entend gazouiller dans la chambre à côté, comme un nid qui s'endort, elle prend son ouvrage et se met à repriser devant la porte, du côté des jardins. De temps en temps elle soupire et pense en elle-même :

« Oui, je veux bien. Ce sont des lâches, des renégats... mais c'est égal! Leurs mères sont bien heureuses de les ravoir. »

Elle se rappelle le temps où le sien, avant de partir pour l'armée, était là, à cette même heure du jour, en train de soigner le petit jardin. Elle regarde le puits où il venait remplir ses arrosoirs, en blouse, les cheveux longs, ses beaux cheveux qu'on lui a coupés en entrant aux zouaves...

Soudain elle tressaille. La petite porte du fond, celle qui donne sur les champs, s'est ouverte. Les chiens n'ont pas aboyé; pourtant celui qui vient d'entrer longe les murs comme un voleur, se glisse entre les ruches...

« Bonjour, maman ! »

Son Christian est debout devant elle, tout débraillé dans son uniforme, honteux, troublé, la langue épaisse. Le misérable est revenu au pays avec les autres, et, depuis une heure, il rôde autour de la maison, attendant le départ du père pour entrer. Elle voudrait le gronder, mais elle n'en a pas le courage. Il y a si longtemps qu'elle ne l'a vu, embrassé ! Puis il lui donne de si bonnes raisons, qu'il s'ennuyait du pays, de la forge, de vivre toujours loin d'eux ; avec ça la discipline devenue plus dure, et les camarades qui l'appelaient « Prussien » à cause de son accent d'Alsace. Tout ce qu'il dit, elle le croit. Elle n'a qu'à le regarder pour le croire. Toujours causant, ils sont entrés dans la salle basse. Les petits réveillés accourent pieds nus, en chemise, pour embrasser le grand frère. On veut le faire manger, mais il n'a pas faim. Seulement il a soif, toujours soif, et il boit de grands coups d'eau pardessus toutes les tournées de bière et de vin blanc qu'il s'est payées depuis le matin au cabaret.

Mais quelqu'un marche dans la cour. C'est le forgeron qui rentre.

« Christian, voilà ton père. Vite, cache-toi, que j'aie le temps de lui parler, de lui expliquer... » Et elle le pousse derrière le grand poêle en faïence, puis se remet à coudre, les mains tremblantes. Par malheur, la chechia du zouave est restée sur la table, et c'est la première chose que Lory voit en entrant. La pâleur de la mère, son embarras... Il comprend tout.

« Christian est ici !... » dit-il d'une voix terrible, et, décrochant son sabre avec un geste fou, il se précipite vers le poêle où le zouave est blotti, blême, dégrisé, s'appuyant au mur, de peur de tomber.

La mère se jette entre eux :

« Lory, Lory, ne le tue pas... C'est moi qui lui ai écrit de revenir, que tu avais besoin de lui à la forge... »

Elle se cramponne à son bras, se traîne, sanglote. Dans la nuit de leur chambre, les enfants crient d'entendre ces voix pleines de colère et de larmes, si changées qu'ils ne les reconnaissent plus... Le forgeron s'arrête, et regardant sa femme :

« Ah ! c'est toi qui l'as fait revenir... Alors, c'est bon, qu'il aille se coucher. Je verrai demain ce que j'ai à faire. »

Le lendemain Christian, en s'éveillant d'un lourd sommeil plein de cauchemars et de terreurs sans cause, s'est retrouvé dans sa chambre d'enfant. A travers les petites vitres encadrées de plomb, traversées de houblon fleuri, le soleil est déjà chaud et haut. En bas, les marteaux sonnent sur l'enclume... La mère est à son chevet ; elle ne l'a pas quitté de la nuit, tant la colère de son homme lui faisait peur. Le vieux non plus ne s'est pas couché. Jusqu'au matin il a marché dans la maison, pleurant, soupirant, ouvrant et fermant des armoires, et à présent voilà qu'il entre dans la chambre de son fils, gravement, habillé comme pour un voyage, avec de hautes guêtres, le large chapeau et le bâton de montagne solide et ferré au bout. Il s'avance droit au lit : « Allons, haut !... lève-toi. »

Le garçon un peu confus veut prendre ses effets de zouave.

« Non pas ça... » dit le père sévèrement.

Et la mère toute craintive : « Mais, mon ami, il n'en a pas d'autres.

— Donne-lui les miens... Moi, je n'en ai plus besoin. »

Pendant que l'enfant s'habille, Lory plie soigneusement l'uniforme, la petite veste, les grandes braies rouges, et, le paquet fait, il se passe autour du cou l'étui de fer-blanc où tient la feuille de route...

« Maintenant descendons, » dit-il ensuite, et tous trois descendent à la forge sans se parler... Le soufflet ronfle ; tout le monde est au travail. En revoyant ce hangar grand ouvert, auquel il pensait tant là-bas, le zouave se rappelle son enfance et comme il a joué là longtemps entre la chaleur de la route et les étincelles de la forge toutes brillantes dans le poussier noir. Il lui prend un accès de tendresse, un grand désir d'avoir le pardon de son père ; mais en levant les yeux il rencontre toujours un regard inexorable.

Enfin le forgeron se décide à parler :

« Garçon, dit-il, voilà l'enclume, les outils... tout cela est à toi... Et tout cela aussi ! » ajoute-t-il, en lui montrant le petit jardin qui s'ouvre là-bas au fond, plein de soleil et d'abeilles, dans le cadre enfumé de la porte... « Les ruches, la vigne, la maison, tout t'appartient... Puisque tu as sacrifié ton honneur à ces choses, c'est bien le moins que tu les gardes... Te voilà maître ici... Moi, je pars... Tu dois cinq ans à la France, je vais les payer pour toi.

— Lory, Lory, où vas-tu? crie la pauvre vieille.

— Père!... » supplie l'enfant... Mais le forgeron est déjà parti, marchant à grands pas, sans se retourner...

A Siddi-bel-Abbès, au dépôt du 3ᵉ zouaves, il y a depuis quelques jours un engagé volontaire de cinquante-cinq ans.

XLI

LE BON DIEU DE CHEMILLÉ

QUI N'EST NI POUR NI CONTRE

LÉGENDE DE TOURAINE

Le curé de Chemillé s'en allait porter le Bon Dieu à un malade.

Vraiment, c'était pitié de songer que quelqu'un pouvait mourir par un si beau jour d'été, en plein *Angelus* de midi, le moment de la vie et de la lumière.

C'était pitié aussi de songer que ce pauvre curé avait été obligé de se mettre en route tout de suite en sortant de table, à l'heure où d'habitude il allait — le bréviaire aux mains — faire un bout de sieste sous sa petite tonnelle de vigne, au frais et au repos d'un joli jardin plein de pêches mûres et de roses trémières.

« Seigneur, je vous l'offre, » pensait le saint homme en soupirant, et monté sur un âne gris, avec son Bon Dieu devant lui en travers du bât, il suivait le petit chemin à mi-côte entre la roche rouge toute piquée de mousses en fleurs, et la pente de cailloux et de hautes broussailles qui dégringolait jusqu'aux prairies.

L'âne pareillement, le pauvre âne, soupirait : « Seigneur, je vous l'offre, » et il le soupirait à sa manière, en levant tantôt une oreille, tantôt l'autre, pour chasser les mouches qui le tourmentaient.

C'est qu'elles sont méchantes et bourdonnantes, les mouches de midi ; avec cela, la côte à monter, et le curé de Chemillé, qui pesait si lourd, surtout en sortant de table.

De temps en temps des paysans passaient sur le chemin et se rangeaient un brin pour faire place au Bon Dieu, avec ce coup de chapeau particulier des paysans de Touraine ; l'œil malin et le salut respectueux, le regard qui a l'air de se moquer du geste.

A chacun M. le curé rendait son salut pour le compte du Bon Dieu, très-poliment, mais sans bien savoir ce qu'il faisait, car sa tête commençait à se remplir de sommeil.

Le temps était chaud, la route blanche. Au bas du coteau, derrière les peupliers, les petits flots de la Loire ressemblaient à des écailles d'argent éblouissantes. Toute cette lumière répandue, ces bourdonnements d'abeilles qui soulevaient des poussières de fleurs sur la route, le chant des grives dans les vignes, un chant heureux de petite bête gourmande et rassasiée, achevaient d'assoupir le curé, tout étourdi déjà par un bon déjeuner de vin blanc et de rillettes.

Voilà que, passé Villandry, là où la roche devient plus haute et le raidillon plus étroit, le curé de Chemillé fut tiré vivement de son sommeil par les « dia! hue! » d'un charretier qui s'en venait en face de lui, avec un grand chariot de foin balancé lourdement à chaque tour de roue.

Le moment était critique. Même en se serrant le plus possible contre la roche, il n'y avait pas place pour deux dans le chemin... Redescendre jusqu'à la grand'-route? Le curé ne le pouvait pas, ayant pris ce sentier pour aller plus vite et sachant son malade à toute extrémité. C'est ce qu'il essaya d'expliquer au charretier; mais le rustre ne voulait rien entendre.

« J'en suis fâché, monsieur le curé, dit-il sans retirer sa pipe, mais la journée est trop chaude pour que je m'en retourne vers Azay par le détour. Bon pour vous, qui vous en allez bien tranquillement sur votre âne...

— Mais, malheureux, tu n'as donc pas vu ce que j'ai là? C'est le Bon Dieu, mauvais chrétien, le Bon Dieu de Chemillé que je porte à un malade.

— Je suis de Villandry, ricana le charretier... Le Bon Dieu de Chemillé ne me regarde pas... Dia! hue! » et le païen allongea un coup de fouet à son attelage pour le faire avancer, au risque d'envoyer l'âne et tout ce qu'il y avait dessus rouler au bas du coteau, dans le pâturage.

Notre curé n'était patient que tout juste. — « Ah! c'est comme cela. Eh bien, attends! » Et, sautant à bas de sa bête, il posa bien délicatement le Bon Dieu de Chemillé au bord du chemin, sur une touffe de serpolet, parmi les genêts d'or et les lychnis blancs, vraie nappe d'autel fleurie et parfumée, comme on n'en trouve pas même à la cathédrale de Saint-Martin de Tours.

Puis le saint homme s'agenouilla et fit cette courte prière : « Bon Dieu de

Chemillé, tu vois ce qui m'arrive et que ce mécréant va m'obliger de le mettre à la raison. Pour ce faire, je n'ai besoin de personne, ayant les poignets très-solides et le bon droit de mon côté... Reste donc là bien tranquille à regarder notre bataille et ne sois ni pour ni contre. Son affaire sera vite réglée. »

Sa prière dite, il se releva et commença par retrousser ses manches, ce qui fit voir après ses mains, ses belles mains de curé douces et polies par les bénédictions, deux poignets de boulanger solides comme des nœuds de frêne...

Vli! vlan! Du premier coup, le charretier eut sa pipe cassée entre les dents. Du second, il se trouva couché au fond du fossé, honteux, moulu, immobile. Après quoi le curé fit reculer la charrette, la rangea bien soigneusement au long du talus, la tête du cheval dans l'ombre d'un mûrier, et s'en alla au petit trot vers son malade, qu'il trouva assis dans ses rideaux d'indienne, remis de sa fièvre comme par miracle et en train de déboucher un vieux flacon de Vouvray mousseux, pour bien se reprendre à la vie. Je vous laisse à penser si notre curé l'aida dans son opération.

Depuis ce temps-là, le Bon Dieu de Chemillé est très-populaire en Touraine, et c'est lui que les Tourangeaux invoquent dans toutes leurs disputes : « Bon Dieu de Chemillé, ne sois ni pour ni contre... » C'est le vrai Dieu des batailles, ce Dieu de Chemillé qui ne fait de faveurs à personne et laisse chacun triompher selon sa force et son bon droit. Aussi, quand luira le jour, — vous savez, mes amis, ce que je veux dire, — ce n'est pas au vieux Sabaoth, le sanguinaire ami d'Augusta et de Guillaume, ce Sabaoth qu'on prend avec des *Te Deum* et des messes en musique, non! ce n'est pas à celui-là qu'il faut adresser nos prières, mais au Bon Dieu de Chemillé, et voici ce que nous lui dirons :

PRIÈRE

Bon Dieu de Chemillé, les Français te prient. Tu sais ce que ces gens de là-bas nous ont fait... Maintenant l'heure de la revanche est venue... Pour la prendre, nous n'avons besoin de toi ni de personne, ayant cette fois de bons canons, des boutons à toutes nos guêtres et le droit de notre côté. Reste donc là bien tranquille à regarder notre bataille, et ne sois ni pour ni contre. L'affaire de ces gueux sera vite réglée.

Ainsi-soit-il !

FIN

TABLE DES MATIÈRES

PREMIÈRE PARTIE

LA FANTAISIE

		Pages.
I.	Un Réveillon dans le Marais.	3
II.	Les Vieux.	14
III.	Un Décoré du 15 août.	30
IV.	La Mule du pape.	45
V.	Un Teneur de livres.	68
VI.	Les Étoiles. — *Récit d'un berger provençal.*	78
VII.	Le Singe.	91
VIII.	Les deux Auberges.	100
IX.	Avec trois cent mille francs.	109
X.	Arthur.	117
XI.	L'Agonie de la Sémillante.	128
XII.	Le père Achille.	142
XIII.	Les Émotions d'un perdreau rouge.	151
XIV.	Le Phare des Sanguinaires.	165

		Pages.
XV.	Maison à vendre.	178
XVI.	Le Cabecilla.	189
XVII.	Les Douaniers.	198
XVIII.	La Chèvre de M. Seguin.	507
XIX.	Le Pape est mort.	221
XX.	Les Sauterelles.	231
XXI.	Wood'stown. — *Conte fantastique.*	241
XXII.	Ballades en prose :	
	I. La Mort du Dauphin.	251
	II. Le Sous-préfet aux champs.	258
XXIII.	L'Élixir du révérend père Gaucher.	264

DEUXIÈME PARTIE

L'HISTOIRE

XXIV.	La dernière Classe. — *Récit d'un petit Alsacien.*	287
XXV.	Le Porte-Drapeau.	299
XXVI.	Alsace ! Alsace !	311
XXVII.	Le Turco de la Commune.	322
XXVIII.	L'Enfant espion.	331
XXIX.	Les Mères. — *Souvenir du siège.*	348
XXX.	Le Caravansérail.	360

TABLE DES MATIÈRES. 497

		Page
XXXI.	La Vision du juge de Colmar.	369
XXXII.	La Pendule de Bougival...	379
XXXIII.	La Défense de Tarascon...	392
XXXIV.	Le Prussien de Bélisaire...	408
XXXV.	Le Concert de la huitième..	419
XXXVI.	Le Bac.............	428
XXXVII.	Les petits Pâtés...... ...	438
XXXVIII.	Salvette et Bernadou.....	449
XXXIX.	Le Siége de Berlin......	460
XL.	Le mauvais Zouave.......	476
XLI.	Le Bon Dieu de Chemillé ..	487

FIN DE LA TABLE DES MATIÈRES.